理清时间线 文史特简单

① 文学的光芒

钱斌 周国宝 著

中国轻工业出版社

灿烂的文学作品是由文豪创造的
15 位顶级文豪，在本书中都有重点介绍
以下索引，方便你更快了解你喜爱的文豪

11　屈原／战国／诗歌
32　司马相如／西汉／赋
33　司马迁／西汉／散文
13　曹植／三国／诗歌 赋
14　陶渊明／东晋／诗歌
14　谢灵运／南朝／诗歌
20　李白／唐代／诗歌
21　杜甫／唐代／诗歌

35　韩愈／唐代／散文
36　苏轼／宋代／诗歌 散文
22　李清照／宋代／诗歌
27　关汉卿／元代／诗歌 戏剧
42　罗贯中／明代／小说
53　汤显祖／明代／戏剧
49　曹雪芹／清代／小说

目录

- 06 导读※汲取文学的营养
- 08 **中国古典诗歌年表**
- 10 孔子整理《诗经》
- 11 屈原开创"楚辞"
- 12 汉乐府诗
- 13 建安诗歌
- 14 田园居士陶渊明
- 14 山水访客谢灵运
- 16 **专题※格律诗是怎么来的**
- 18 唐诗
- 20 **专题※豪情万丈的李白**
- 21 **专题※心系苍生的杜甫**
- 22 宋词
- 24 宋诗
- 26 元散曲
- 28 **中国古文年表**
- 30 先秦的叙事散文
- 31 诸子的说理散文
- 32 汉赋
- 33 两汉史传
- 34 唐宋散文
- 36 **专题※文艺全才苏轼**
- 38 桐城派古文
- 40 **中国古典小说和戏剧年表**
- 42 历史演义小说和《三国演义》
- 44 英雄传奇小说和《水浒传》
- 45 短篇小说的繁荣
- 46 神怪小说和《西游记》
- 48 讽刺小说和《儒林外史》
- 49 世情小说和《红楼梦》
- 50 元杂剧
- 52 明清传奇
- 53 **专题※剧作家汤显祖**
- 54 附录※部编版义务教育阶段语文课本古诗文统计表
- 56 **参考书目**

导读 汲取文学的营养

文学是语言文字的艺术,既要有美感,也要有情感。

对社会而言,文学推动着人类文明的延续和发展,文化、思想、美学、史学等都依赖文学为载体,饱含各种营养。

对个人而言,文学可以陪伴我们更轻松地认识社会,发现真善美,进而认识自己,给自己力量。

对于少年儿童来说,阅读文学作品,充分汲取营养,尤显重要。一本好书能够引起读者的共鸣,能够启发读者,甚至能够改变一个读者的命运。无论是精彩的故事,还是感人的抒情,抑或是令人佩服得五体投地的论辩,让人共鸣到魂牵梦萦的诗歌,有文学陪伴我们成长,未来的天空一定更广阔。

文学的四种表现形式(体裁)

诗歌以精炼而富有韵味的文字来表达感情。**散文**以自由的笔调来表达思想。**小说**主要通过叙事来表现社会生活。**戏剧**主要通过台词来表现故事情节。中国古典文学基本吻合上述分类,而且有更加详细的分类,比如散文和骈文、韵文一起统称文。赋是介于诗和文之间的一种文体。

诗赋文规则对比(●表示遵此规则,○表示无此规则)

规则	文体	诗				赋	文		
		古体诗	近体诗	词	曲		骈文	韵文	散文
音律	曲调	○	○	●	●	○	○	○	○
	押韵	●	●	●	●	●	○	●	○
	平仄	○	●	●	●	●	●	●	○
格式	对仗	○	●	●	●	●	●	●	○
	句长	五言七言	五言七言	长短句	长短句	四字六字	四字六字	多为四字	○
	字数	相对固定	固定	固定	可有衬字	○	○	○	○

文学的五种表达方式（写法）

文学的表达方式是写作的工具，包括五种。
①记叙：包括顺叙、倒叙、插叙、补叙和平叙。
②描写：包括白描、细描、衬托、烘托、渲染、对比、情景交融等。
③说明：方法包括举例子、分类别、列数字、作比较、列图表、下定义、作诠释、打比方、摹状貌、引资料等。
④抒情：包括直抒胸臆、借景抒情、触景生情、咏物寓情、咏物言志、融情于事、融情于理等。
⑤议论：包括举例论证、道理论证、比喻论证、对比论证等方式。

文学的众多表现手法（笔法）

文学的表现手法可以渲染主题，有很多种，比如托物起兴、托物言志、借景抒情、直抒胸臆、设置悬念、对比、象征、用典、渲染等。

文学的众多修辞手法（辞法）

文学的修辞手法可以增加文采，有很多种，比如比喻、拟人、夸张、对偶、排比、反问、双关、反语等。

中国古典诗歌年表

"诗"源于歌谣，在春秋战国时期开始形成《诗经》和"楚辞"两大诗歌源头，并确定了"诗言志"的功能。唐代定型的格律诗增强了诗韵，再加上"诗骨"的追求带动了唐诗的繁荣。后来，追求格式的灵活带动了宋词的蓬勃，元曲的兴盛。数千年来，诗歌一直在"诗骨"和"诗韵"间不断创新发展。

诗歌的分类

狭义的诗歌按音律讲究，可分为古体诗（格律诗形成之前的诗）、近体诗（格律诗）、现代诗（白话诗）。

广义的诗歌包括词、散曲。

小游戏

崔颢：黄鹤一去不复返，白云千载空悠悠。
李白：故人西辞黄鹤楼，烟花三月下扬州。
岳飞：却归来、再续汉阳游，骑黄鹤。
张可久：黄鹤矶头，白鹭汀洲，烟水共悠悠。

请在下图中找出以上四位写过黄鹤楼的诗人。

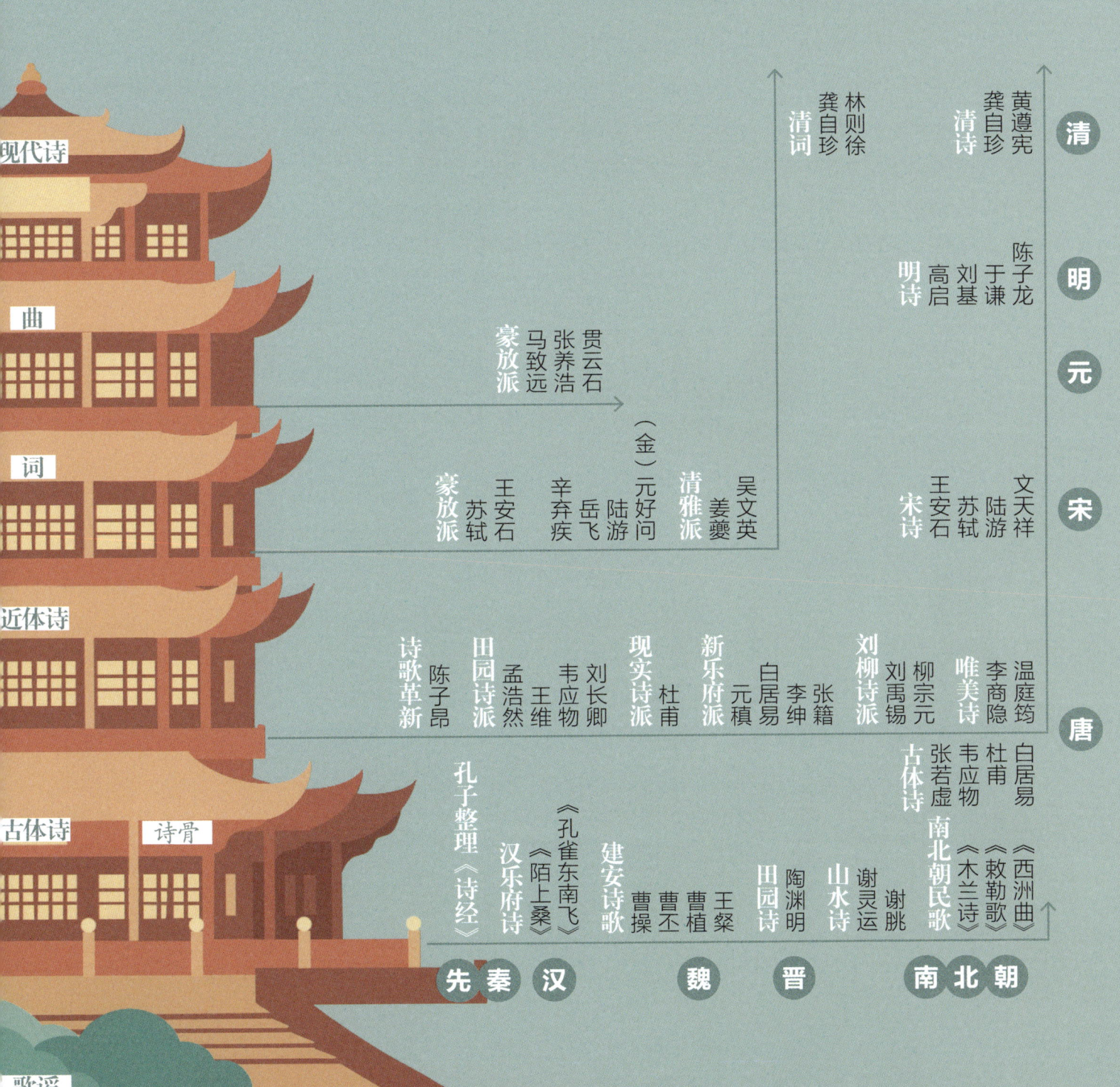

著名诗选：《唐诗三百首》《宋词三百首》《千家诗》都是非常经典的诗歌选集。

孔子整理《诗经》

2500多年前的春秋时期,孔子整理了周朝以来流传的诗歌,完善了我国第一部诗歌总集《诗经》。《诗经》有300多篇,内容可分为风、雅、颂三类。颂是祭祀时用的乐曲,你知道风和雅是什么吗?

雅 ※ 朝廷的正式乐曲

包括反映现实生活的74首小雅。有表达乡愁的"昔我往矣,杨柳依依;今我来思,雨雪霏霏"。有自我勉励的"他山之石,可以攻玉"。另外还有31首大雅,内容大多是歌功颂德的。

风 ※ 各地的民歌

《诗经》中的诗有一大半是从各地民歌中采集的,比如"秦风"就是秦地的民歌,不是某个诗人的创作。诗中展现了周代老百姓的生活场景、风俗民情,非常接地气。诗中很少怪力乱神,这种**现实主义**精神影响深远,逐步发展成诗歌的一大流派。

很多人觉得《诗经》美,是因为诗中有很多景色描写。借助写景色来写心情,是很高级的写法,古人称之为"兴"。《诗经》中常用的赋(平铺直叙)、比(比喻)、兴等手法,至今依然是写作的重要手法。

※※ 秦风·蒹葭(节选)

蒹葭苍苍[①],白露为霜。
所谓伊人,在水一方。
溯洄从之,道阻且长[②]。
溯游从之,宛在水中央。

① 首句写蒹葭(芦苇)凄冷,是为了烘托第二句对伊人的思念。这种写法叫"兴"。
② 直接描述追寻经过,这种平铺直叙的写法叫"赋"。

※※ 诗经体特点

《诗经》以四言句式为主,通常每四句成一节。一首诗的各节句式基本相同,反复咏唱。四言诗一直流行到汉代。

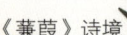

《蒹葭》诗境

屈原开创"楚辞"

2300多年前的战国时期,伟大的诗人屈原创立了一种新格式的诗,因为有着浓厚的楚国(南方)乐调色彩,所以叫"楚辞"。"楚辞"是文人创作的,语言华丽,充满了**浪漫色彩**,这跟《诗经》中质朴的北方民歌有着比较明显的区别。"楚辞"和《诗经》共同构成了中国诗歌的源头。

史上最长的古诗《离骚》

"楚辞"的代表诗歌就是《离骚》,有373句,是我国最长的古诗。诗中讲到,作者想为国家做点贡献,却处处碰壁,于是四次神游天地,陈诉苦楚,又三次寻求美人,追求光明。全诗想象力极为丰富,充满了浪漫色彩。

※※离骚(名句)

- 惟草木①之零落兮②,
  恐美人①之迟暮。

- 长太息以掩涕兮,
  哀民生之多艰。

- 路漫漫其修远兮,
  吾将上下而求索。

委婉的象征手法

"楚辞"中有许多地方在赞美草木和美人(见①),这是什么意思呢?原来,作者想赞美贤明的君王,高洁的品德,但却不直说。这种象征手法,是对《诗经》比兴手法的继承和发展,后来成为中国文学常见的手法。

※※楚辞体特点

如果你看到一首诗中有许多语气词"兮"(见②),那基本就可以断定是楚辞体了。楚辞体以六言为主,并且开了长诗的先河。

※※屈原年表

22岁	※	主持改革
27岁		贬为三闾大夫
36岁		流浪汉北,作《离骚》
44岁		放逐江南
62岁	※	自投汨罗江

屈原寻访美人之洛神宓妃

汉乐府诗

汉代时，朝廷重视礼乐，设置了"乐府"来管理礼乐，既组织文人创作诗歌，也广泛采集民间歌谣，并把诗和曲配起来。这些生活气息很浓的诗歌，后来就被称为乐府诗。乐府诗距今约有两千年了，今天我们读起来并不难懂，这是为什么呢？

有烟火气的诗

汉乐府诗继承了《诗经》反映现实的优秀传统，记录了那个时代人们的生活日常和喜怒哀乐。"江南可采莲，莲叶何田田"，采莲女一边劳动，一边唱着《江南》，这就是生活画卷。

会讲故事的诗

汉乐府里约三分之一是叙事诗，故事情节大多完整曲折，人物形象栩栩如生，标志着我国古代叙事诗的成熟。《孔雀东南飞》全诗对话生动，情节起伏，长达350余句，讲述了一个扣人心弦的爱情悲剧故事。《陌上桑》则成功塑造了一位不畏强权的采桑女形象。

陌上桑（节选）

行者见罗敷，下担捋髭须。
少年见罗敷，脱帽著帩头。
耕者忘其犁，锄者忘其锄。
来归相怨怒，但坐观罗敷。

《陌上桑》诗境

乐府诗特点

格式上，以五言为主。
语言上，更口语化。

延伸/南北朝民歌

南朝的抒情长诗《西洲曲》代表了南朝诗歌的最高成就。北朝的叙事长诗《木兰诗》，影响深远，和《孔雀东南飞》并称"乐府双璧"。北朝民歌《敕勒歌》至今都被作为启蒙诗歌。

建安诗歌

中国人评判诗歌好不好,非常重要的一点就是看"风骨"。"风"强调诗的用词要准确简练,"骨"强调诗的内容要能打动人。

东汉末年建安时期,饱受战乱之苦的文人们,思想空前活跃,继承了汉乐府的写实精神,大胆表达自己的理想,同时展现出自己的文笔个性,后人称之为"建安风骨"。

一门父子三诗豪

曹操一辈子忙于建功立业,对当时社会有着很深的理解,他采用乐府古题,写了不少慷慨激昂的好诗,比如《龟虽寿》《观沧海》《短歌行》,成为建安文坛的领袖。

曹操之子**曹丕**诗风清丽婉约,语言通俗,《燕歌行》是他的代表作。曹丕的弟弟**曹植**是当时最有文采的诗人,他大力写五言诗,代表作《白马篇》《七步诗》等,对后世影响很大。

※※观沧海（节选）

[汉]曹操

东临碣石,以观沧海。
水何澹澹,山岛竦峙。
树木丛生,百草丰茂。
秋风萧瑟,洪波涌起。

《观沧海》诗境

家臣七人是主将

"建安七子"都是曹氏父子的臣子,战时大多随军,归来经常开文学酒会,搞集体创作,是"三曹"之外建安作家的主力,其中**王粲**、**刘桢**成就最高。

※※曹植相关成语

七步成诗　相煎何急
翩若惊鸿　凌波微步
下笔成文　才高八斗
瓜田李下　荆山之玉

清初文学家王士祯认为,二千年间堪称"仙才"的诗人只有曹植、李白、苏轼三人。

田园居士陶渊明

陶渊明生活在东晋末南朝初,政局混乱,他辞官归隐于庐山脚下,与菊和酒相伴,把田园生活带进诗歌,开创了中国诗歌的新意境——用朴素的语言写平民的生活,后人称他的诗为"陶诗"。

陶渊明年表

20岁	游学求仕
29岁	任江州祭酒
47岁	入桓玄幕府
54岁	归隐田园
76岁	病逝

陶渊明诗句"采菊东篱下,悠然见南山"意境

山水访客谢灵运

谢灵运比陶渊明小20岁,虽然一直有官职,但是,东晋时他不认真,南朝时他不得志,他把大量时间都用于游山玩水,吟诗问佛,于是开创了山水诗派。

风光"摄影师"

谢灵运出身名门望族,有钱又有才。他在浙江当永嘉太守期间,把大量时间用于游山玩水,他还发明了一种专门用于登山的木鞋,被称为谢公屐。谢灵运像一位风光摄影师,总是能用眼捕捉自然之美,然后用诗句再现山水之美。

平淡"隐居客"

陶渊明之前,大多诗歌题材都是国家,而且喜欢显摆词汇。陶渊明用家常话写家常事,农舍、鸡犬、豆苗、桑麻,这些农村最平常的事物,一经陶渊明点化,便充满了"诗味"。他回归田园也是"羁鸟恋旧林,池鱼思故渊"这般的渴望,"久在樊笼里,复得返自然",这种心境一直伴随着他的创作。

※ **归园田居**(其一,节选)

狗吠深巷中,鸡鸣桑树颠。
户庭无尘杂,虚室有余闲。
久在樊笼里,复得返自然。

※ **饮酒**(其五,节选)

采菊东篱下,悠然见南山。
山气日夕佳,飞鸟相与还。
此中有真意,欲辨已忘言。

田园诗宗师

陶渊明的田园诗看似处处写景物,实则处处在写心境。虽然"草盛豆苗稀",依然"带月荷锄归"。"采菊东篱下",最美妙的体验是"悠然"见到南山。采菊让陶渊明成了菊的化身,菊花也成了"花中隐士"。

山水诗鼻祖

谢灵运的山水诗现存近百首,他的山水诗在中国诗歌发展史上极具开创意义。在他之前,诗歌更多写情感,想给人启发。谢灵运开始把诗句放在描写山水、花鸟这些实实在在的东西上,开创了写景诗。为了赋予山水更多的灵气,谢灵运还大胆创造新的词汇,大量采用对仗的手法,创作了许多佳句,他夸耀自己的文采仅次于"才高八斗"的曹植。

※ **登池上楼**(节选)

初景革绪风,新阳改故阴。
池塘生春草,园柳变鸣禽。

专题：格律诗是怎么来的

从先秦到南朝，诗歌创作逐步繁荣，虽然诗歌有韵律和对仗等美感，但是诗人们还在继续追寻更好听的诗。于是，一种新的诗体——格律诗，也叫近体诗，逐渐壮大，影响了1000多年。

咏竹诗（节选）
[南朝] 谢朓

南条交北叶，新笋杂故枝。
月光疏已密，风来起复垂。

南朝 "沈谢" 把声调之美融入诗歌中

随着诗和乐的逐渐分离，诗本身的声调美感越来越受到诗人的重视。南朝诗人归纳了汉语读音的"四声"，大大提升读音抑扬顿挫的效果。以**沈约**、**谢朓**（tiǎo）为代表的诗人，把声调之美融入诗歌创作中，发展为"永明体"，成为格律诗的前身。

隋和唐初 "众诗人" 写律诗成了时尚

生活于隋唐之际的**王绩**，崇拜善写五言诗的陶渊明，是五言律诗的奠基人。他写的《野望》，"牧人驱犊返，猎马带禽归"，读起来朗朗上口。

风
[唐] 李峤

解落三秋叶，
能开二月花。
过江千尺浪，
入竹万竿斜。

稍晚的**上官仪**非常追求声调之美，写景技巧极高。初唐四杰中的**王勃**和**杨炯**都写过不少优秀的五律。武则天时期的宰相**李峤**，注重平仄，创作了大量咏物的五律。

初唐 "沈宋" 用"黏对"规则定型格律诗

武则天时期的**沈佺期**、**宋之问**等宫廷诗人，有闲情研究平仄，制定了"黏（nián）对"规则，确保了诗歌通篇的声律美感，格律诗至此正式形成。杜甫的爷爷**杜审言**，也为律诗的定型做出了贡献。

什么是"格"?什么是"律"?

"格"是格式要求,按单句字数算分五言、七言,按句数算有四句的绝句、八句的律诗、超过八句的长律(也叫排律)。

"律"是声律要求,包括四方面:对仗、押韵、平仄、黏对。四种声调(平上去入)中,除平声外的三声统称为仄声,每句的偶序字要严格讲究平仄。

※※登鹳雀楼
[唐] 王之涣

白 日 依 山 尽, ┐ 对句(平仄相反,叫"对")
黄 河 入 海 流。 ┘
欲 穷 千 里 目, ┐ 邻句(平仄相同,叫"黏")
更 上 一 层 楼。 ┘
  押韵   对仗(白日对黄河,山对海,千里对一层,见带画线的词)

唐诗流派

	618年 初唐				712年 盛唐		
	初唐四杰	沈宋	陈子昂	吴中四士	田园诗派		边塞诗派
	题材广泛	要顺口	要打动人	清新婉丽	淡雅清丽		豪放悲壮
	骆宾王 王勃（诗杰）	沈佺期	陈子昂	张若虚 贺知章（诗狂）	孟浩然（诗星）	王维（诗佛）	高适 王昌龄（七绝圣手）
	卢照邻 杨炯	宋之问	（诗骨）	张旭 包融	刘长卿（五言长城）	韦应物	王之涣 岑参（诗雄）

唐诗

唐代是我国诗歌发展史上最繁荣的时期，大诗人多，诗歌流派多（见上表），许多诗句传颂至今。后人仿《诗三百》编有《唐诗三百首》。

初唐 ※ 含苞初绽

初唐有两件事为唐诗的大繁荣做好了准备。一是格律诗的形成，让诗句更好听。二是**陈子昂**提出诗歌内容的革新，让诗歌更能鼓励人。

"初唐四杰"率先把诗歌题材从宫廷扩大到江山、边塞，写出来许多雄壮的古体诗，铿锵的格律诗。**贺知章**是唐诗大繁荣的引路人，善写绝句，语言朴实，《咏柳》中对春意的赞颂，《回乡偶书》中对还乡的感慨，句句都令人回味。

盛唐 ※ 百花争放

盛唐迎来了唐诗的大繁荣，其中最杰出的代表是浪漫的李白和写实的杜甫（下文详述）。此外有两大诗派。

以**孟浩然**、**王维**为代表的山水田园诗人，喜欢以自然之美来抒发隐逸情怀。其中王维更是将诗情与画意、乐美结合起来，许多作品广为流传。

边塞诗派以**高适**、**岑参**、**王之涣**、**王昌龄**等人为代表。他们写边塞风光和军旅生活，抒发建功立业的壮志豪情，诗风慷慨豪迈。

※※ 山居秋暝（节选）
[唐] 王维

空山新雨后，天气晚来秋。
明月松间照，清泉石上流。

	766年	中 唐		836年 晚 唐	907年
大李杜	韩孟诗派	刘柳诗派	新乐府派	小李杜	温韦
浪漫·现实	推敲苦吟	借古讽今	补察时政	深沉幽美	清新婉媚
李白（诗仙，浪漫诗派） 杜甫（诗圣，现实诗派）	韩愈　　李贺（诗鬼） 孟郊（诗囚）贾岛（诗奴）	刘禹锡（诗豪） 柳宗元	白居易（诗王）李绅 元稹　　　张籍	李商隐 杜牧	温庭筠 韦庄

中唐 ※ 各显神通

中唐诗人们积极革新，实现了唐诗的又一次繁荣。以**白居易**、**元稹**（zhěn）为代表的诗人，重提汉乐府的民歌价值，开展了新乐府运动。白居易的诗语言通俗易懂，能反映社会现实。

以**韩愈**和**孟郊**为代表的"韩孟诗派"，主张抒发心中不平，喜欢推敲文字，"二句三年得，一吟双泪流"。

以**刘禹锡**和**柳宗元**为代表的"刘柳诗派"，都拥有不肯屈服的品格。刘禹锡的诗昂扬向上，人称"诗豪"；柳宗元的诗意味深长。

晚唐 ※ 孤芳自赏

晚唐国家衰败，诗人也更多伤感，往往只追求遣词用字的华美。以**李商隐**、**杜牧**为代表的"小李杜"，成了晚唐最精彩的诗人。李商隐的抒情诗，细腻中带着凄美；杜牧的咏史诗，激昂中带有失落。

※ 嫦娥
［唐］李商隐

云母屏风烛影深，长河渐落晓星沉。
嫦娥应悔偷灵药，碧海青天夜夜心。

※ 琵琶行（名句）
［唐］白居易

- 千呼万唤始出来，犹抱琵琶半遮面。
- 别有幽愁暗恨生，**此时无声胜有声**。
- 同是天涯沦落人，相逢何必曾相识！

豪情万丈的李白

专题

李白是我国最杰出的浪漫主义诗人，他性格豪爽，自信洒脱，狂放不羁。他的诗前承屈原，想象奇特，手法夸张，诗风飘逸奔放，后人尊他为"诗仙"。

一身仙侠豪气

李白自幼饱读诗书，学过剑术，渴望报效国家。进入皇宫后他却看不惯，于是过上游侠般的生活，站上黄鹤楼，攀登太白山，独坐敬亭山，他心里从来都相信"天生我材必有用"。"危楼高百尺，手可摘星辰""桃花潭水深千尺，不及汪伦送我情"，没有行万里路之阅历，就不可能写出这些豪情诗句。没有这身豪情，就写不出"飞流直下三千尺，疑是银河落九天"这般惊艳的比喻。

※※独坐敬亭山

众鸟高飞尽，孤云独去闲。
相看两不厌，只有敬亭山。

笔落惊风雨

李白擅长古体诗，他创作的《行路难》《蜀道难》《将进酒》等，运用大胆的夸张、巧妙的比喻、变化莫测的想象……情感抒发如火山喷发。正如杜甫诗中所形容的"笔落惊风雨，诗成泣鬼神"。

李白近体诗中绝句成就最高，许多诗句韵味无穷，读起来就像是从我们自己嘴里哼出来似的。用李白自己的诗句形容，就是"清水出芙蓉，天然去雕饰"。

李白和杜甫年表

	李白出生		远游	遇孟浩然 静夜思	行路难 将进酒	献赋	遇王昌龄 蜀道难	辞官	遇贺知章 侠客行	独坐敬亭山 赠汪伦	安史之乱
年份	701年	712	724		731	734		744	746		755
		杜甫出生			游学	望岳	遇李白 遇高适	困居长安 十年			投奔 肃宗	春月

专题：心系苍生的杜甫

杜甫比李白小11岁，生活在唐朝由盛转衰的转折时期。杜甫是我国最杰出的现实主义诗人，他心系百姓，常在诗中揭露民间疾苦，表达自己的责任感。杜甫善于学习，各种诗体无所不精，是我国最伟大的诗人之一。

一颗盛唐良心

杜甫一生忧国忧民。看到"朱门酒肉臭，路有冻死骨"，他发出了警告。看到"国破山河在"，他把头发都挠掉了。"看"到"门泊东吴万里船"这样的捷报，他高兴地写了首绝句。他是时代的良心，这处处体现在他沉郁的诗风中，他被后人尊称为"诗圣"。

目睹了战乱对百姓造成的苦难，杜甫创作了"三吏""三别"等反映底层百姓悲惨遭遇的长篇叙事诗，因此，杜甫的诗被誉为"诗史"。

※※ 绝句

两个黄鹂鸣翠柳，一行白鹭上青天。
窗含西岭千秋雪，门泊东吴万里船。

语不惊人死不休

杜甫的诗句是经过千锤百炼的，他要求自己"语不惊人死不休"。所以他的语言有着更强的表现力。比如"朱门酒肉臭，路有冻死骨"，把复杂的社会现象，锤炼成只有十个字的两句诗。

律诗要求严格。杜甫的律诗成就堪称唐代第一，无论是抒情、咏怀，还是交友、评事，他都写得对仗工整而又浑然一体，合乎格律却又不露痕迹。

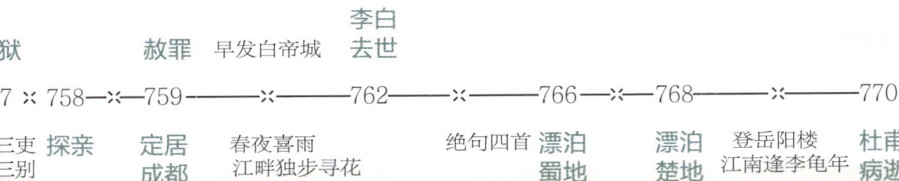

宋词

词是诗的一种变体，始于隋唐，最初是用来配合演唱曲子的歌词。因为曲子有长短快慢，所以每句词也有长有短，俗称"长短句"。晚唐以后，都市歌舞生活的繁荣带动了词迅速发展。经过婉约派和豪放派两大派词人的不断革新，宋词成为新的文学巅峰，与唐诗交相辉映。

婉约派写的美词

柳永为宋词的繁荣带了个好头。他善写慢词，自创了一百多个词牌，既写风月，也写个性，婉约派由此开创。同时期的**晏殊**专攻小令，获得了巨大成就。

后来的**周邦彦**是婉约词大家，作词既追求音律的优美，又讲究用语的匠心，是后世词人的好老师。而"千古第一才女"**李清照**则把婉约派推向高峰，她的词写景生动（见①），写情细腻，善用叠句（见②），特别能引起读者共鸣。写于流亡江南时的《声声慢》更是将叠句用到极致。

如梦令

［宋］李清照

常记溪亭日暮①，沉醉不知归路。
兴尽晚回舟，误入藕花深处。
争渡，争渡②，惊起一滩鸥鹭。

宋词发展史

隋至盛唐
燕乐流行，出现曲子词

中唐
词体成形
张志和、白居易、刘禹锡

晚唐至五代
花间词兴盛
温庭筠、韦庄、李煜

北宋前期
婉约词兴盛；柳永革新词体
柳永、晏殊、欧阳修

北宋后期
豪放词兴盛；苏轼改革词体
苏轼、周邦彦、秦观、贺铸

南宋初期
词风多贴近现实
李清照、岳飞

南宋中后期
词创作多元化
陆游、辛弃疾、姜夔

豪放派写的壮词

苏轼对词有着自己的理解。他认为词不应该只写花前月下、晓风残月。苏轼用词写了志向、山水、乡愁（见③），气势恢弘。而且苏轼的词不再依附于音乐，这大大提升了词的生命力。

苏轼之后，原是抗金英雄的**辛弃疾**，把词当散文写，刚柔并济，写了很多爱国诗词（见④）。**岳飞**和**陆游**也写过不少豪放词，**姜夔**（kuí）的词则兼具婉约和豪放。

※※**破阵子·为陈同甫赋壮词以寄之**④

[宋]辛弃疾

醉里挑灯看剑，梦回吹角连营。
八百里分麾下炙，五十弦翻塞外声，
沙场秋点兵。
马作的卢飞快，弓如霹雳弦惊。
了却君王天下事，赢得生前身后名。
可怜白发生！

※※**水调歌头**③（节选）

[宋]苏轼

明月几时有？把酒问青天。
不知天上宫阙（què），今夕是何年。
我欲乘风归去，又恐琼楼玉宇，高处不胜寒。
起舞弄清影，何似在人间。

词牌是曲子的调子

每首曲子都有一定的曲调。曲调即词牌，词人根据曲调来填词。例如《卜算子·咏梅》这首词，"卜算子"是词牌名，"咏梅"是词的标题。词牌有一千多个，来源多样，比如"浣溪沙"，是为歌咏春秋时代美女西施浣纱而作的曲子。

※※**词的特点**

词讲究对仗、押韵和平仄。一首词的字数是固定的，一般分两段（上下阕）。
根据字数，词分为小令、中调和长调。
根据节奏快慢，词可分为令词、慢词等。

宋诗

唐代诗人写庐山"飞流直下三千尺",豪情万丈;宋代诗人写庐山"横看成岭侧成峰",虽然语言平淡,但越读越觉得有道理。面对唐诗的巨大成就,宋代诗人能否另开新境,打造宋诗的高峰?

王安石开创新格局

宋初的诗人学习唐代诗人李商隐,却只学到皮毛(形式美)。直到以议论入诗的**欧阳修**登上诗坛,宋诗才找到自己的声音。欧阳修的门生**王安石**则奠定了宋诗的基调。王安石是个改革家,他主张诗歌用于传播正能量(见①),做"三好诗人"——好议论(见②),好用典,好新奇。他写的"春风又绿江南岸"中的"绿"字,据说是改了十多次才定下来。

元日
[宋]王安石

爆竹声中一岁除,
春风送暖入屠苏。
千门万户曈曈日①,
总把新桃换旧符②。

① 曈曈:日出时光亮而温暖的样子。代表对新的一年的美好祈盼。当时身为宰相的王安石,正在大力改革,坚信未来一定是光明的,满满正能量。
② 新桃比喻改革后的新生活,旧符借指目前的社会弊病。这句论断,指出新生事物一定会取代没落事物这一规律。

《元日》诗境

苏轼将宋诗推向高峰

欧阳修的另一个门生**苏轼**,是个全能型诗人,对各种诗歌技巧、风格、题材无一不精,是宋诗成就最高的诗人。他的很多诗流露出一股乐观、旷达的精神,又往往蕴含着深刻的道理。他在杭州做官期间,写了多首关于西湖的诗,广为传诵。

※※雪梅

[宋]卢钺

梅雪争春未肯降,
骚人阁笔费评章。
梅须逊雪三分白,
雪却输梅一段香。

黄庭坚吸引了很多追随者

苏轼的得意门生**黄庭坚**,写诗强调"字字有来处"却又能"脱胎换骨"。"桃李春风一杯酒,江湖夜雨十年灯","一杯酒"和"夜雨"都脱胎于唐诗,却写出了极美的新意境。他的追随者很多,形成了一个诗歌流派——江西诗派。

※※稚子弄冰

[宋]杨万里

稚子金盆脱晓冰③,
彩丝穿取当银铮。
敲成玉磬穿林响,
忽作玻璃碎地声④。

南宋四大家中兴宋诗

南宋时,尤袤、杨万里、范成大、陆游等不满江西诗派的怀旧,勇于创新,宋诗又一次繁荣起来。**杨万里**善于写自然风物和日常生活,一生作诗两万多首。他的诗内容接地气(见③),语言也接地气(见④),"儿童急走追黄蝶""稚子金盆脱晓冰"等很多诗句都成了启蒙诗。**陆游**见证了国家灾难,写过《示儿》等很多悲凉的爱国诗。

宋诗的最后光彩

南宋末年,国破家亡之际,不少诗人写下大量优秀的爱国诗篇,**文天祥**是其代表。他的诗是他人格的生动写照,诗句"人生自古谁无死,留取丹心照汗青"传诵千古。

元散曲

当越来越精致的词也和音乐分家后,更通俗的民谣俚语开始和音乐结合,在元代形成了一种新的乐曲——元散曲,文学的通俗化让元散曲迅速受到广泛欢迎。元散曲可以分为以马致远为代表的豪放派和以张可久为代表的清丽派。

※天净沙·秋思

[元] 马致远

枯藤老树昏鸦,小桥流水人家,古道西风瘦马①。

夕阳西下,断肠人在天涯②。

① 9个名词罗列,勾绘出一幅秋野夕照图。枯、老、昏、瘦中蕴含着无限凄凉。
② 明写游子流浪,实则抒发了作者怀才不遇的悲凉情怀。

《天净沙·秋思》诗境

马致远的归隐散曲

马致远年轻时积极追求功名,然而仕途并不顺畅,后来索性辞官归隐。他精通音乐,元散曲成就极高,现存散曲130多首。他的作品语言极其精凝,而情感又极其丰富,大大提高了元散曲的艺术水准。他的《天净沙·秋思》被称为"秋思之祖"。

张养浩的忧伤散曲

张养浩是个直言敢谏的清官,关心民生疾苦。他把散曲当作诗来写,题材独特,语言典雅而又率真自然,《潼关怀古》这类作品体现出忧国忧民的情怀,是他人格的写照。

××山坡羊·潼关怀古
[元]张养浩

峰峦如聚,波涛如怒,山河表里潼关路。望西都,意踌躇。

伤心秦汉经行处,宫阙万间都做了土。兴,百姓苦;亡,百姓苦!

关汉卿,更强的个性

关汉卿来自社会底层,自称"浪子",反传统,有个性,文笔也很叛逆,对元曲具有开创意义。他自称"我是个蒸不烂、煮不熟、捶不匾、炒不爆、响当当一粒铜豌豆",他的曲词泼辣风趣,刻画人物心理细致入微,写离愁别恨则真切动人。

张可久,更雅的散曲

张可久是元代最多产的散曲大家。他人生坎坷,只做过小官,作品中往往散发出悲叹的气息,用笔辛辣,在讲人间冷暖时,他感慨"他得志笑闲人,他失脚闲人笑"。他注重炼字,讲究含蓄,写出的"桃花吹净,佳人何在,门掩残红"充满凄美。

××元散曲的特点

散曲是配着曲子演唱的歌词,所以也有曲牌。

散曲有字数、格律等要求,但是可以增字,形式更灵活。

语言很口语化,所以表达的内容往往痛快、畅酣(相比而言,词比较委婉)。

散曲包括小令(单曲)和套数(一组小令)。

中国古文年表

中国古代文学中,"文"与"诗"并重。"文"源于神话和寓言,在春秋战国时期开始形成记叙和说理两大类散文,并确定了散文传播道义的功能。汉代"文"向"诗"靠拢形成了赋。南北朝"文"继续骈(pián)化(过于追求文采)造成的功能丧失,导致了唐宋的散文复古运动。明清以后,散文一直在"传播道义"和"追求文采"间寻求创新。

※※ 文的分类

文最初出现就是散文。后来出现强调格式的骈文和强调音韵的韵文。
骈文曾一度繁荣,但是散文终成主流。

以记人、叙事、写景、状物等为主要内容,力求写出真情实感,
文体上包括传记、游记、碑记、祭文、笔记等。
▲记叙类散文

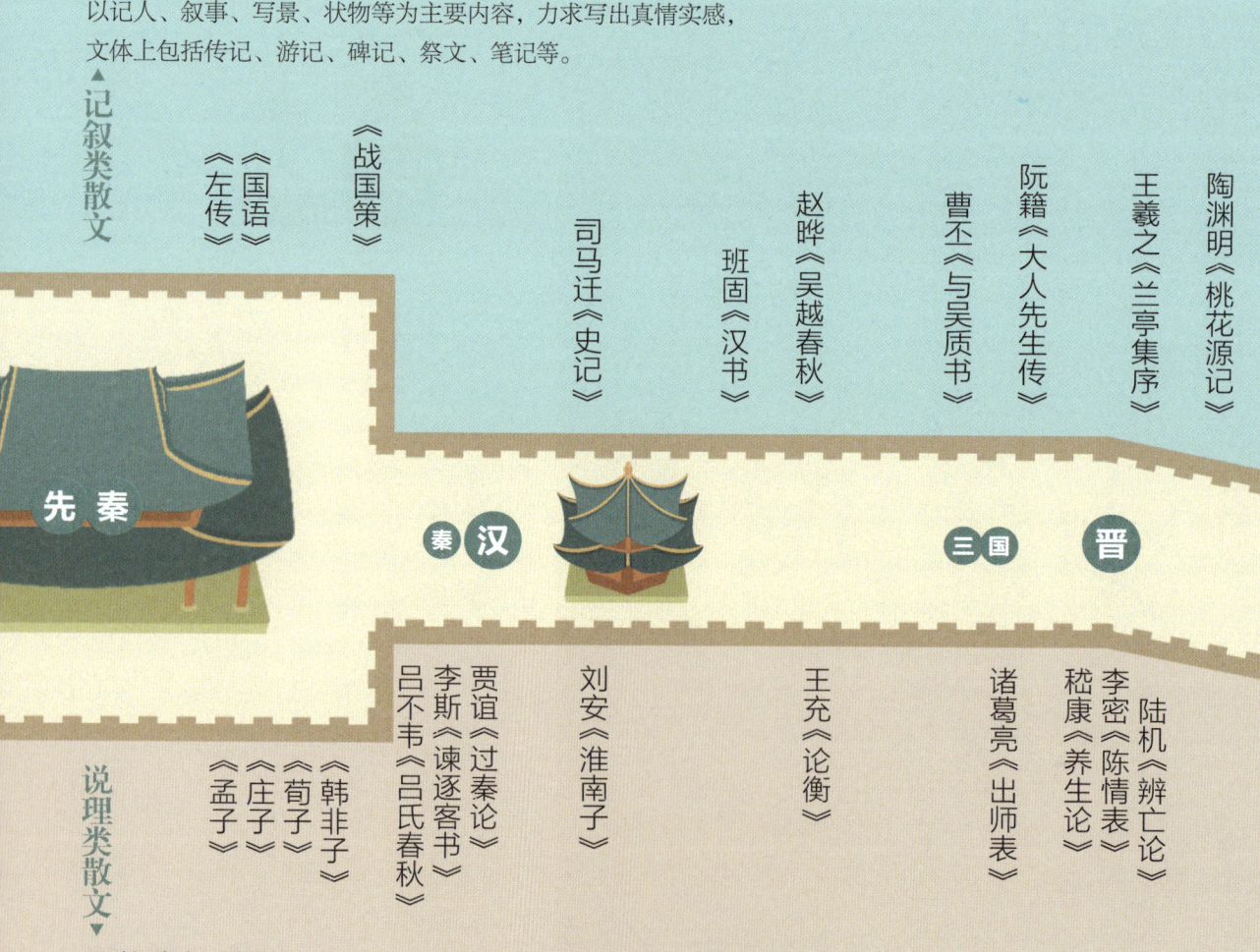

说理类散文▼
通过摆事实、讲道理、辨是非、举例子等方法表达观点,力求写出真知灼见,
文体上包括论辩、寓言、表、说、铭、序、杂记等。

著名文选： 清初吴楚材等选定的《古文观止》，收录222篇古文，是很好的文学启蒙读物。

小品文 与「大篇」相对的短小散文

王永彬《围炉夜话》
李贽《焚书》
袁宏道《满井游记》
洪应明《菜根谭》
张岱《湖心亭看雪》
周密《武林旧事》
陆游《入蜀记》
洪迈《容斋随笔》
孟元老《东京梦华录》
苏轼《记承天寺夜游》
陆龟蒙《笠泽丛书》
皮日休《皮子文薮》
罗隐《谗书》

宋　明

【骈文】王勃《滕王阁序》
韩愈《祭十二郎文》
柳宗元《小石潭记》
曾巩《墨池记》
苏辙《黄州快哉亭记》
苏轼《石钟山记》
欧阳修《醉翁亭记》
范仲淹《岳阳楼记》

归有光《项脊轩志》
徐霞客《徐霞客游记》
魏学洢《核舟记》
方苞《左忠毅公逸事》
姚鼐《登泰山记》

唐　五代　宋　元　明　清

骆宾王《讨武曌檄》
刘禹锡《陋室铭》
柳宗元《捕蛇者说》
韩愈《师说》《马说》
王安石《伤仲永》
苏洵《六国论》
周敦颐《爱莲说》
欧阳修《卖油翁》

宋濂《送东阳马生序》

梁启超《少年中国说》
袁枚《黄生借书说》

先秦的叙事散文

散文的形成与我国古代重视史官有关。西周时代，有"左史记事，右史记言"之说（事为《春秋》，言为《尚书》）。战国时期形成的《左传》《国语》《战国策》等历史著作，有着更多的个人创作成分，标志着叙事散文的成熟。

《左传》的精彩对话

《左传》是对《春秋》的解读，但是记事更完整、更详细，还很注重刻画人物。书中记录各国使者的外交辞令（比如烛之武退秦师的故事）以及大夫对国君的劝谏之辞，都非常精彩。

《战国策》的人物刻画

《战国策》是一部详细地记录谋士事迹的史书，长于写人叙事，比如，"荆轲刺秦王"的故事写得生动曲折，能言善辩的苏秦被刻画得非常成功。

《战国策》在对白、寓言、夸张、排比等语言技巧方面，运用得非常到位，对后世产生了深远的影响。

寓言惊弓之鸟画境

※※《战国策》中的寓言故事

惊弓之鸟	亡羊补牢	狡兔三窟	狐假虎威
群狗争骨	鹬蚌相争	画蛇添足	南辕北辙
高枕无忧	……		

诸子的说理散文

最早有《尚书》记录言论，后来有语录体的《论语》，这些文集都有说理的味道。随着诸子百家的出现，各个流派的人物开始著书立说，说理散文《孟子》《庄子》《荀子》等相继出现，《韩非子》标志着说理散文的定型。

擅长论辩的《孟子》

《孟子》是儒学大师**孟子**和他的弟子共同写的。《孟子》善于用逻辑推理的方法论辩，雄辩有力。论辩中还常常用典型事例、比喻、寓言说理，如"揠苗助长"的故事，说明要日积月累地养浩然之气，不可急于求成，用故事传达道理，浅显易懂，极有艺术感染力。

集大成者的《韩非子》

《韩非子》是法家思想家**韩非**的著作，论辩透彻，逻辑严密，是先秦说理散文的集大成者。《韩非子》使用的寓言有三百多则。这些寓言故事语言幽默，耐人寻味，许多至今仍被人们广泛运用，如"守株待兔""滥竽充数""买椟还珠""自相矛盾""扁鹊见蔡桓公"等。

寓言守株待兔画境

汉赋

汉赋流行于汉代，由"楚辞"发展而来，兼有诗歌与散文的特征，规模宏大，气势磅礴，辞藻华丽。汉赋的发展大概包括四个阶段。

形成期 ※ 骚体赋 ※ 贾谊

从汉高祖至汉武帝初年，骚体赋盛行，篇幅短小，抒情性强，内容多是抒发作者的政治见解和身世感慨。如**贾谊**的《吊屈原赋》。

鼎盛期 ※ 散体大赋 ※ 司马相如和扬雄

西汉中后期，汉赋题材多歌颂帝王，篇幅巨大，语言华丽，与当时的盛世景象交相辉映。如**司马相如**的《子虚赋》《上林赋》、**扬雄**的《甘泉赋》等。司马相如被称为"赋圣"，他向才女卓文君求爱所写的名赋《凤求凰》后来成了许多艺术创作的源泉。

转变期 ※ 散体大赋 ※ 班固和张衡

从西汉末期至东汉中期，汉赋题材转化为关乎国家、社会的重大问题。如**班固**的《两都赋》、**张衡**的《二京赋》等。

转型期 ※ 抒情小赋 ※ 蔡邕

东汉中期以后，出现了抒发个人言志的小赋，如**张衡**的《归田赋》、**蔡邕**的《述行赋》等。魏晋往后，赋受骈文影响发展为骈赋。

※※ 上林赋（节选）

[汉] 司马相如

奏陶唐氏之舞，听葛天氏之歌，千人唱，万人和，山陵为之震动，川谷为之荡波。

两汉史传

两汉的叙事散文有较大发展。司马迁的《史记》创立了纪传体，是传记文学的第一人。《汉书》继承并完善了《史记》的体例和传记写法。这两本史书文学价值很高，对后世影响极大。

最早的传记文学《史记》

《史记》以为人物立传记的方式记叙历史，是记事、记言的进一步结合。《史记》善于写人，如战国时期赵国的外交家蔺相如，事迹很多，**司马迁**只选取了完璧归赵、渑池之会、将相和等几件典型的事例来写，抓住了其机智、勇敢、大度的特征，给读者留下了深刻的印象。《史记》一直被后人推崇、取材，被鲁迅称为"史家之绝唱，无韵之离骚"。

将相和情景

××司马迁及其《史记》的体例

司马迁忍受腐刑之辱，历时14年才写成《史记》，内容跨越黄帝至汉武帝近3000年。
本纪（12卷）：帝王的传记。
世家（30卷）：诸侯的传记。
列传（70卷）：其他重要人物的传记。
表（10卷）：世系和年表。
书（8卷）：历代典章制度。

叙事严谨的《汉书》

班固写的《汉书》记录了西汉230年的历史，它沿用《史记》的体例而略有变化，成为历代史书的范本。《汉书》写事注重交代事情的来龙去脉，而且笔法更加严谨。书中刻画的李陵内心世界和苏武英雄形象非常成功。

唐宋散文

唐宋时，面对骈文的盛行，文坛先后掀起了古文革新运动，其中的引领者，唐代有韩愈、柳宗元，宋代有欧阳修、苏洵、苏轼、苏辙、王安石、曾巩，他们合称为"唐宋八大家"。

背景 ※ 骈文的盛行

赋文追求对偶、声律和修辞，受此影响，六朝时期逐渐产生了过于强调句式美的骈文——以四六句式为主，句式两两相对。出现了**陶弘景**《答谢中书书》、**吴均**《与朱元思书》、**庾信**《哀江南赋序》等名篇。唐代的**王勃**也写下了千古名篇《滕王阁序》。

但是骈文的句式越来越影响文章思想的表达，许多文人只顾堆砌华丽的辞藻，空话连篇。文风迫切需要变革。

※※ **醉翁亭记**（名句）

[宋] 欧阳修

- 醉翁之意不在酒，在乎山水之间也。
- 野芳发而幽香，佳木秀而繁阴，风霜高洁，水落而石出者，山间之四时也。

唐 ※ 文以明道 ※ 韩柳

生活在中唐的韩愈是最早站出来坚决反对骈文的,他主张学习古文——先秦和汉代的文章,语言自由,思想丰富。

韩愈认为写文章就是为了传播真理(明道),内容上要有真情实感,文笔上可以求新尚奇。韩愈是论辩大师,表达情感不加掩饰,写下了《马说》《师说》等精彩的说理散文。韩愈独创了"蝇营狗苟""弱肉强食"等生动形象的新词。

柳宗元则在行动上积极支持韩愈的口号,被贬的遭遇让他可以更冷静地认清现实,也让他更委婉。《捕蛇者说》是说理散文的名篇,深刻揭露了社会现实。《小石潭记》是山水游记的典范,写景状物绘声绘色。

※※ 马说(名句)
[唐]韩愈

- 世有伯乐,然后有千里马。
- 千里马常有,而伯乐不常有。

注:"说"为文体,有"谈谈"的意思。韩愈现存散文近400篇,包括序、传、原、铭、书、祭文、杂文等极为丰富的文体。韩愈的谥号为单字"文",这是文官的最高等级谥号。

宋 ※ 文道合一 ※ 欧王曾三苏

晚唐以来,又出现了讲究雕章琢句的不良文风,北宋文坛领袖欧阳修,再一次掀起古文运动,强调文章要贴近生活,行文要富有感情,语言要简洁流畅。**欧阳修**写了许多文字通俗、抒情委婉、议理有力的优秀散文,比如《醉翁亭记》《卖油翁》,读来引人入胜。

欧阳修的几个门生都是写散文的高手。**王安石**的散文中爱议论说理,而且见解独特,令人折服。**曾巩**的散文章法有度,结构严谨,便于学习。**苏洵**擅长政论文,语言犀利。**苏辙**擅长史论文,逻辑严密。**苏轼**则做出了更大贡献。

专题 文艺全才苏轼

宋代的苏轼学识渊博，一生历经磨难，却总是那么乐观旷达。他的散文、赋、诗、词，均取得了极高成就，他既精通书法和绘画，又是美食家和治水名人，堪称中国五千年文化史第一奇才。

❋❋苏轼年表

22岁	中进士
26岁	任职凤翔
29岁	任职史馆
36岁	新党迫害，出任杭州
39岁	调任密州
44岁	乌台诗案，流放黄州
50岁	任职朝廷
54岁	出任杭州
59岁	再遭迫害，流放惠州
62岁	流放儋（dān）州
65岁	遇赦北返，途中逝世

文 ※ 行云流水

苏轼善于说理，他总是能将叙事、抒情、议论完美结合，文章如行云流水，挥洒自如。如《书戴嵩画牛》，短小精悍，生动形象，却寓含着"艺术源于生活"的深刻道理。《记承天寺夜游》意境超然，为宋代小品文中的妙品。

赋 ※ 蕴含哲理

宋以来，散文家不再拘泥于对偶来创作赋，形成了句法更灵活的文赋。苏轼的文赋成就很高，最著名的是前、后《赤壁赋》。赋中，从月色幽美，再到心情愉悦，最后引出超然物外的人生哲理，一气呵成。

诗 ※ 乐观旷达

苏轼总是以对现实的批判为题材，写出了很多有哲理的诗，而且流露出自己乐观的精神。"菊残犹有傲霜枝""春江水暖鸭先知"，读起来总觉得很有道理，很鼓舞人。

词 ※ 大胆开创

苏轼大胆突破词的题材，扭转了词的低下地位，丰富了词的情感。"一蓑烟雨任平生"，《定风波》里写出的潇洒，是苏轼人格与魅力的写照，后人也不断从中汲取着精神上的力量。

※ 定风波

[宋] 苏轼

莫听穿林打叶声，何妨吟啸且徐行。
竹杖芒鞋轻胜马，谁怕？一蓑烟雨任平生。
料峭春风吹酒醒，微冷，山头斜照却相迎。
回首向来萧瑟处，归去，也无风雨也无晴。

桐城派古文

唐宋古文运动对后人影响深远,明代散文家则在复古和求新之间不断追求平衡,产生了很多流派。至清代则诞生了更加严谨的桐城古文派。桐城派作家多达千余人,称雄文坛 200 多年。这一流派的主要作家方苞、刘大櫆(kuí)、姚鼐(nài)都是安徽桐城人,因此得名桐城派。

擅写传记的方苞

方苞写人达到了出神入化的地步。在《左忠毅公逸事》一文中,他写史可法乔装打扮,冒险入狱探望左光斗,通过对形貌、动作、对话的描写,惟妙惟肖地刻画出左光斗身陷囹圄(líng yǔ)仍心系国家大事的爱国情怀。

作文导师刘大櫆

刘大櫆博采古文大家的众长，悉心研究散文创作规律，总结了一系列的散文写作方法，对桐城派的发展起到十分重要的推动作用。

言简意丰的姚鼐

姚鼐是桐城派的集大成者，他提出写文章要内容合理、材料确切、文辞精美，三者不可偏废。他写的《登泰山记》，语言简洁，色彩鲜明，富有韵味，是脍炙人口的游记佳作。最令人赞叹的是写日出，简简单单几十字，把日出时的瑰丽景色描摹得生动传神，如在眼前。

※※登泰山记（节选）
[清] 姚鼐

极天云一线异色，须臾成五采。日上，正赤如丹，下有红光动摇承之。或曰，此东海也。回视日观以西峰，或得日或否，绛皓驳色，而皆若偻。

※※延伸 新文化运动

清朝末年，黄遵宪等人领导了诗界革命。不喜欢桐城派的梁启超也掀起了文界革命，写出了语言更通俗、词汇更丰富、感情更丰满的新散文。

20世纪初，陈独秀、李大钊、胡适、鲁迅等反对文言、提倡白话，掀起了轰轰烈烈的新文化运动，为中国文学开创了全新的局面。

中国古典小说和戏剧年表

中国古典小说萌芽于神话传说。魏晋时出现笔记体的文言小说,在唐代融合多种文学方式发展成为传奇小说,在宋代和说唱文学结合又产生了白话的话本小说,至明代则正式迎接来了长篇章回小说的创作高峰。戏剧源于唐宋的说唱文学,南戏和杂剧两大支脉经过不断演变,在清代迎来了地方戏的繁荣。

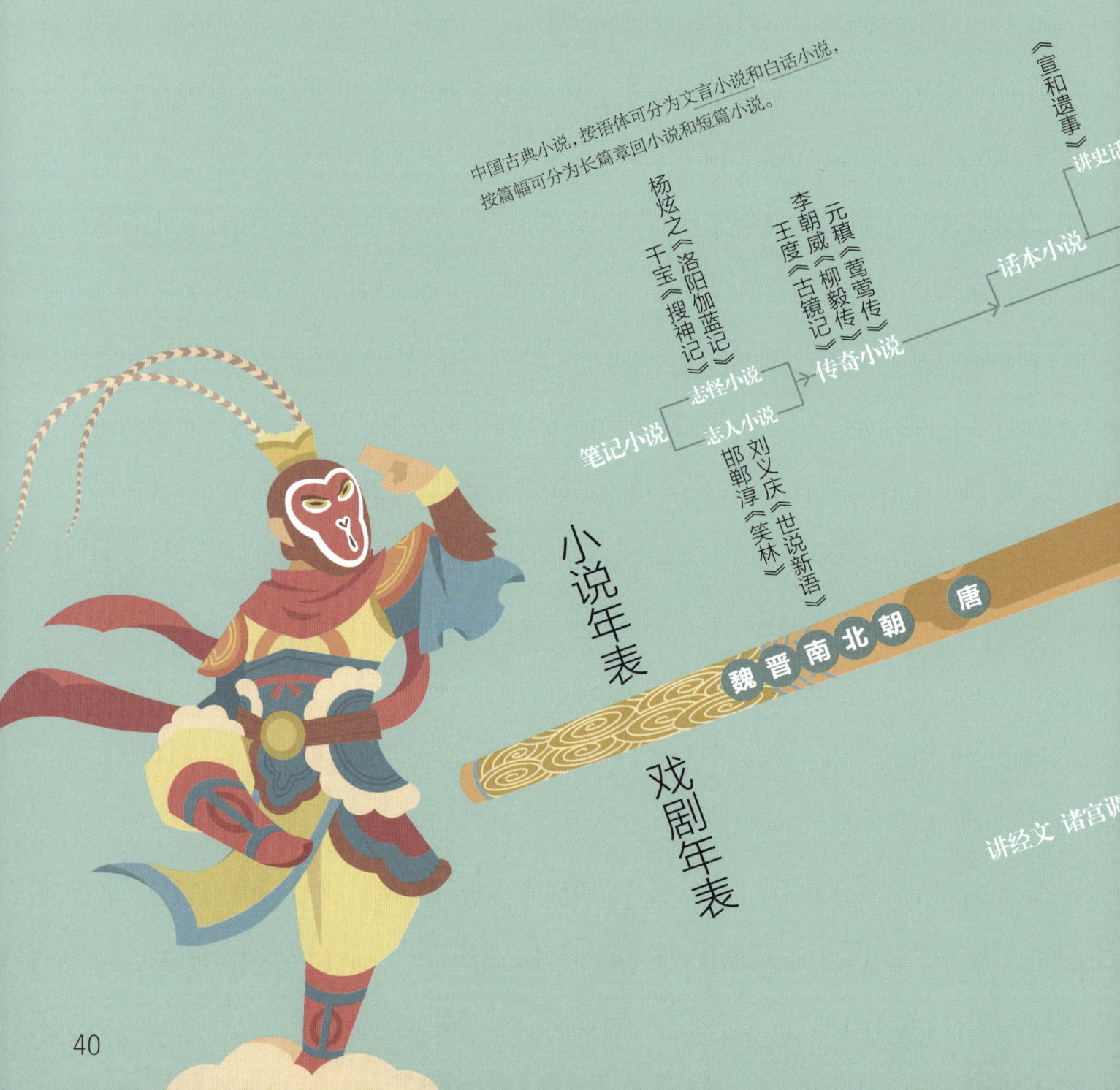

中国古典小说,按语体可分为文言小说和白话小说,按篇幅可分为长篇章回小说和短篇小说。

杨炫之《洛阳伽蓝记》
干宝《搜神记》
元稹《莺莺传》
李朝威《柳毅传》
王度《古镜记》
《宣和遗事》

笔记小说 —— 志怪小说 —— 传奇小说
        志人小说
刘义庆《世说新语》
邯郸淳《笑林》

讲史话 —— 话本小说

小说年表

戏剧年表

魏晋南北朝 唐

讲经文 诸宫调

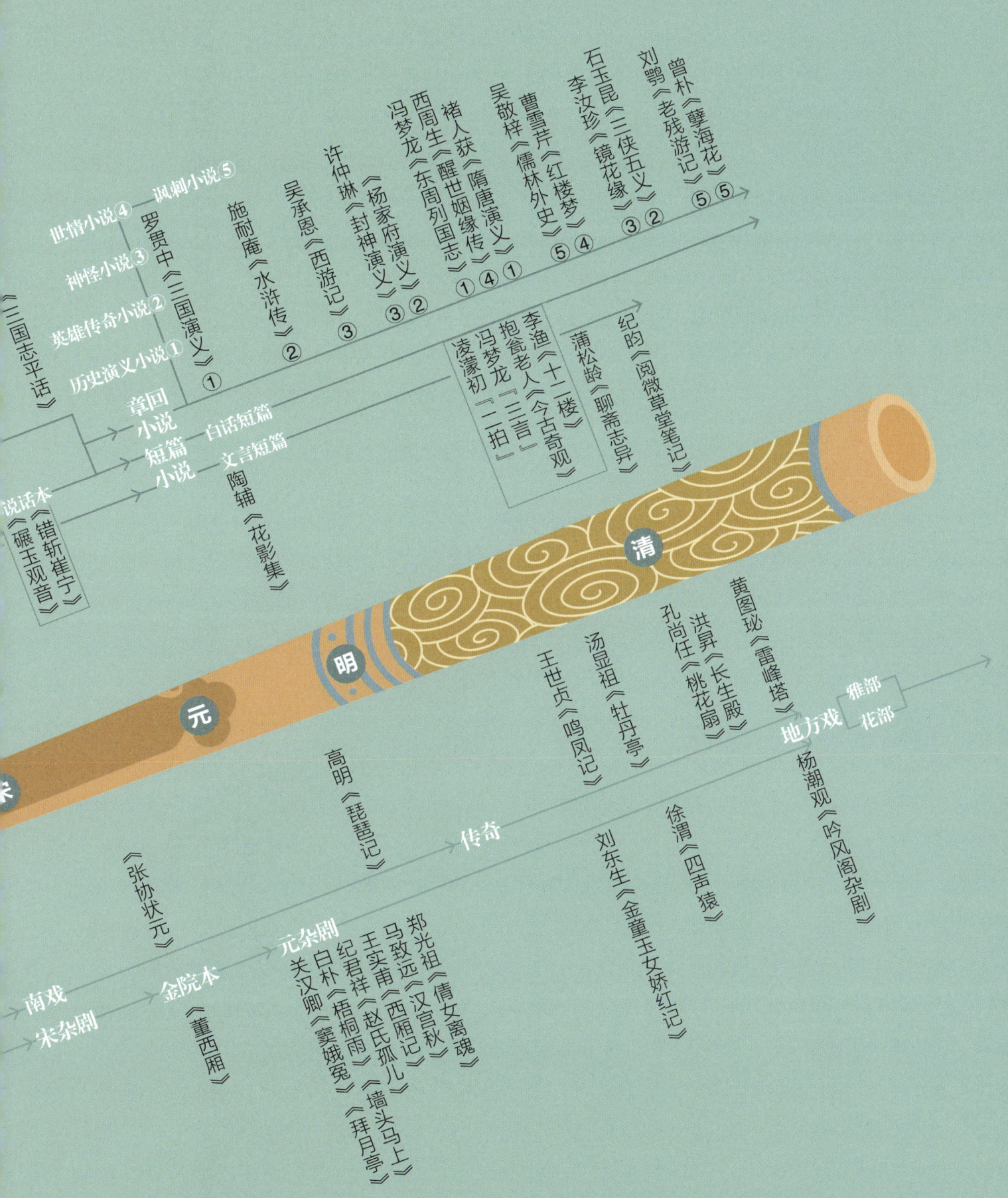

历史演义小说和《三国演义》

明清时期,随着市民群体的越发壮大,通俗故事有了广泛的读者,俗文学(诗文为雅文学)的代表小说和戏曲,迅速占据了文学舞台的重要位置。**罗贯中**在明初写的《三国演义》是最早出现的章回体长篇小说。

三国故事多么精彩

《三国演义》大致分为天下大乱、群雄逐鹿、三国鼎立、三国归晋四部分,描写了从东汉末年到西晋初年近百年的历史风云。小说通过"七分写实,三分虚构",塑造了奸绝曹操、义绝关羽、智绝诸葛亮等一大批形象生动的人物。小说中的智谋描写尤为出色,驱虎吞狼、蒋干中计、草船借箭、空城计,故事引人入胜,家喻户晓。温酒斩华雄、单骑救主、大战逍遥津、水淹七军等武戏,桃园结义、辞曹挑袍、舌战群儒、刮骨疗毒等文戏,也都非常精彩。

※※好玩的三国歇后语

曹操败走华容道——不出所料。
关公面前舞大刀——不自量力。
周瑜打黄盖——两厢情愿。
诸葛亮草船借箭——有借无还。
张飞穿针——粗中有细。
司马昭之心——路人皆知。

辞曹挑袍情景

三国故事多受欢迎

《三国演义》在民间的影响力要远超《论语》，这是因为人们在三国故事里读出了世道人心：对导致天下大乱的昏君贼臣的痛恨，对创造清平世界的明君良臣的渴慕，对仁义礼智信等美好品德的向往。《三国演义》数百年来受到广大民众的极大欢迎，大量演绎三国历史的戏曲、评书、小说在市井中广为流传。到了现当代，三国题材的小说、游戏、影视剧、动漫、文创产品依然层出不穷。

草船借箭情景

※《三国演义》是这样诞生的

长篇小说《三国演义》不是一个作家独立创作的，它的形成脉络是这样的：

晋代	史学家陈寿写了史书《三国志》
南朝	史学家裴松之写了很多三国奇闻轶事
隋唐	民间广泛流传三国故事
宋代	说话艺人说三国故事
元代	戏曲舞台演三国戏
明代	罗贯中深度加工写成《三国演义》
清代	毛纶、毛宗岗父子全面修订评点《三国演义》

故事精彩的历史演义小说

《三国演义》是历史演义小说的开山之作。它取材于历史，故事性强，通俗易懂，受到民众的普遍欢迎。因此刺激了文人纷纷创作同类小说，历史演义小说迅速流行起来，作品数以千计，其中《东周列国志》《隋唐演义》较有特色。

※ 章回小说的特征

明清小说普遍为章回体。为便于阅读，把长篇小说分成若干回，每回拟定一个对仗的标题统领全回。这种形式的小说为章回体，它来源于说书艺人需要分集讲述长篇历史故事的需求。每回开头接上文，结尾则为下回做铺垫。

英雄传奇小说和《水浒传》

随着小说的繁荣，小说的题材也开始多样化。比《三国演义》成书稍晚的《水浒传》，虽然也取材于历史，但是**施耐庵**侧重于写人，讲的是宋江等108位英雄好汉的故事，而且是用白话文写的，非常接地气，所以书问世后产生了巨大影响。

《三国演义》以史实为基础，实多于虚，主要写类型化的帝王将相。与之相比，《水浒传》则虚多于实，主要写个性化的梁山好汉。同样武艺高强，林冲逆来顺受，武松快意恩仇；同样侠肝义胆，鲁达豁达明理，李逵直爽率真。

受《水浒传》的影响，明清还有不少英雄传奇小说，著名的有《杨家府演义》《三侠五义》等，这些小说都塑造了不少深入人心的英雄形象。

××有趣的水浒人物绰号

动物类：豹子头林冲、玉麒麟卢俊义
身份类：行者武松、小李广花荣
兵器类：双鞭呼延灼、金枪手徐宁
外貌类：黑旋风李逵、青面兽杨志

林冲雪夜上梁山情景

鲁智深倒拔垂杨柳情景

短篇小说的繁荣

明清两代不但是长篇小说的繁荣期,还出现了"三言""二拍"等内容多样的短篇白话小说集,《聊斋志异》更是将短篇文言小说推向了顶峰。

"三言"和"二拍" ※ 白话文

明代中晚期,**冯梦龙**编著了短篇小说集《喻世明言》《警世通言》和《醒世恒言》,总称"三言"。随后,**凌濛初**编著了《拍案惊奇》和《二刻拍案惊奇》,合称"二拍"。这些作品与写大人物的演义小说不同,它们主要写街头巷尾平头百姓的家庭、爱情及恩怨等"杂碎事",表现他们的喜怒悲欢,是典型的市民文学。

《聂小倩》剑仙擒妖物情景

《聊斋志异》 ※ 文言文

清代初年,**蒲松龄**创作了文言短篇小说集《聊斋志异》,包括近五百篇故事,多写神仙、狐鬼、精魅,语言简洁,情节荒诞,思想深刻,将短篇小说推到了空前的高度。其中一篇《聂小倩》,写女鬼聂小倩受妖怪胁迫以色害人,却不忍心害真君子宁采臣,故事一波三折,通过精细的描写,塑造出一个富有人情美的艺术典型。

神怪小说和《西游记》

如果说《水浒传》是把新增的"假"努力写成"真",那么《西游记》则是把唐代玄奘取经故事的"真"努力写成"幻",它虚构出徒弟孙悟空、猪八戒和沙悟净等人物。在它的带动下,兴起了一股神怪小说的创作热潮,大大丰富了小说的光彩。

不怕困难的孙悟空

引导我们大胆想象

《西游记》创造了一个充满奇思异想的世界:天宫光怪陆离,女儿国有女无男,金箍棒可长可短,芭蕉扇威力无比,人参果上万年熟一次。这些大开脑洞的场景,能激发我们的想象力,《西游记》也因此深受小读者喜爱。

××《西游记》里的神通

七十二变:孙悟空、二郎神和牛魔王都会此法术,变化多端,可以防灾。
袖里乾坤:镇元子的法术,用变大的衣袖把人物笼入虚幻空间而难以逃脱。
法天象地:孙悟空和二郎神会此法术,施法者变化成与天地同高。
掌中佛国:如来佛祖的法术,可以将人物封印在手掌营造的幻境空间里。

意志坚定的唐僧

陪伴我们大胆成长

我们可以把《西游记》理解为几个小男孩的成长故事。孙悟空就像我们玩伴中那个最调皮的孩子,浑身有着使不完的劲儿。但是他不怕困难,凡事总冲在前头。猪八戒虽然有点好吃懒做,但是性格憨厚,心态好,大伙儿爱和他玩儿。沙和尚做事踏实,唐僧意志坚定。有这些人物的陪伴,我们的童年一定更精彩,我们的成长之路也有了更多参照。

百姓喜爱的神怪小说

明代中期,**吴承恩**的《西游记》刚一问世,就赢得了百姓的喜爱,孙悟空的形象妇孺皆知,猪八戒也衍生出很多故事。这带动了不少文人的创作热情,出现了《封神演义》《镜花缘》《济公全传》等小说,这些虚构的故事在传播时少有限制,因而流传极广。

××四大名著

明代有四大奇书的说法。现在的四大名著说法形成于新中国成立后,指《三国演义》《水浒传》《西游记》和《红楼梦》,这四部长篇小说代表了中国古典小说的极高成就。

做事踏实的沙和尚

有点懒有点憨的猪八戒

讽刺小说和《儒林外史》

清代统治者对文人的思想言论严加管控,用功名利禄笼络文人,令许多有志气的文人痛恨。**吴敬梓**深受科考毒害,目睹社会黑暗,写了《儒林外史》这部长篇讽刺小说,描绘出科举制度下读书人群体的各种丑态,取得了极高的成就。晚清出现了《官场现形记》等四大谴责小说,都表达了对社会黑暗的不满。

字如箭※ 刻画入神

《儒林外史》第二回一开始,作者就为我们描绘出了一个得意洋洋、爱吹牛皮的典型小吏形象——夏总甲。夏总甲"两只红眼边,一副锅铁脸,几根黄胡子,歪戴着瓦楞帽,身上青布衣服就如油篓一般,手里拿着一根赶驴子的鞭子,走进门来,和众人一拱手,一屁股就坐在上席"。通过这一简洁的白描,夏总甲的身份、教养、性格跃然纸上。

范进中举情景

笔如刀※ 讽刺入骨

《儒林外史》第三回写穷苦的读书人范进屡次参加科考均不中,受尽岳父欺凌与羞辱。后来,范进终于中举,因为太过欢喜而疯癫,岳父在众人的一再催促下,把范进一巴掌打醒,之后连连道歉,恭敬异常,更怕因为打了范进而死后下地狱。故事充满讽刺,非常滑稽可笑。

世情小说和《红楼梦》

明代后期,世情小说兴起。这类作品大多写现实社会和家庭生活,对人情世态做细致描写。到清代,**曹雪芹**写的《红楼梦》成了世情小说的巅峰之作,也是中国古典小说最伟大的作品。

《红楼梦》第 23 回 贾政告诉宝玉等人可以入住大观园的情景

※ 曹雪芹年表

13 岁	※ 南京的家被抄,迁北京
18 岁	宗人府当差
30 岁	开始创作《红楼梦》
38 岁	《红楼梦》初稿完成
40 岁	移居北京西山,改稿
48 岁	※ 病逝

处处都是宝藏

《红楼梦》以贾宝玉、林黛玉及薛宝钗三人的爱情婚姻悲剧为主线,讲述了贾家及其亲戚史家、薛家、王家四大家族的兴衰荣辱。这部书把人物写得形象丰满,把生活写得有声有色,把文字用得炉火纯青。更伟大的是,它吸纳了诗词歌赋各种文学体裁,融合琴棋书画各种艺术知识,展示衣食住行各种生活文化,甚至中医、古玩、工艺等百行百业,都写得很真实。它就是个用之不尽、取之不竭的宝藏,各行各业的人都能从中获益。

处处都有"谜语"

《红楼梦》是一部"谜书",比如书中很多名字都利用谐音隐藏着特殊含义。元(春)、迎(春)、探(春)、惜(春)四姐妹,她们名字中的四个字谐音是"原应叹息"。妙玉谐音庙中之玉,暗示她是出家人。再比如:甄士隐——真事隐,王熙凤——枉是凤。

元杂剧

宋代杂剧演出非常活跃，但一般没有成文剧本。到了元代，许多文人失去了科考做官的出路，挣扎于市井，专门创作杂剧剧本，元杂剧繁荣起来，成为了元代文学的代表，现存剧本名目就有五百多种。

感人悲剧《窦娥冤》

关汉卿所著的《窦娥冤》，主人公是孤苦无依的寡妇窦娥，因为地痞无赖张驴儿嫁祸她杀人，被昏官判处死刑。赴刑场是全剧的高潮。为表明自己冤屈，窦娥在刑场上指天立下三桩誓愿：血溅白练不沾地、六月飞雪掩尸首、楚州大旱要三年。故事放在今天阅读依然震撼人心。

窦娥刑场发毒誓情景

※※《窦娥冤》全文结构

楔子：窦天章以女抵债，上京应试。
第一折：蔡婆索债险遭暗算，张驴儿父子硬入其家。
第二折：张驴儿误杀亲父，嫁祸于窦娥。
第三折：刑场三桩誓愿。
第四折：父为女平冤。

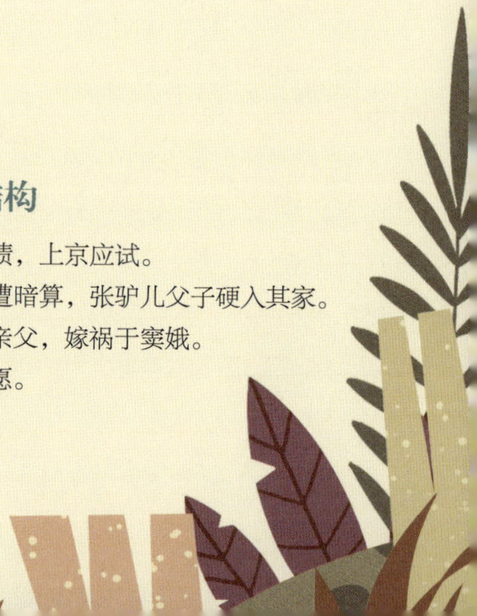

爱情喜剧《西厢记》

王实甫的《西厢记》是元杂剧的压轴之作,剧中讲述了书生张生与"相国"小姐崔莺莺在丫鬟红娘的帮助下,冲破重重阻挠,终成眷属的故事。这部剧塑造人物非常成功,尤其是"红娘",成了汉语中"媒人"的代名词。红娘为人机智、泼辣,言语犀利又生动活泼。

莺莺张生夜相会情景

※※ 西厢记(第二本第三折节选)

[元] 王实甫

〔满庭芳〕来回顾影,文魔秀士,风欠酸丁。下工夫将额颅十分挣,迟和疾擦倒苍蝇,光油油耀花人眼睛,酸溜溜螫得人牙疼。

注:此曲曲牌为满庭芳,唱的是红娘对张生形象的开心调侃。

※※ 元杂剧名家名作

杂剧四大家:关汉卿、马致远、郑光祖、白朴。
四大喜剧:关汉卿《拜月亭》、王实甫《西厢记》、白朴《墙头马上》、郑光祖《倩女离魂》。
四大悲剧:关汉卿《窦娥冤》、马致远《汉宫秋》、白朴《梧桐雨》、纪君祥《赵氏孤儿》。

※※ 元杂剧的特点

结构上,一部剧可以包含一本或多本,每本以"四折一楔子"最为常见。"折"相当于"幕"。
文字上,包括道白、唱词、科介(动作说明)三种。每一折的唱词采用套曲形式。
曲调上,套曲内包含数支至数十支曲子,均用同一宫调,且押韵。不同"折"的宫调不一样。
内容上,主要描写社会现实,揭露黑暗,表达美好追求。

明清传奇

宋杂剧在南宋时分成南戏和北曲两脉。早期的南戏只是歌舞小戏，唱词也比较随意。到了元末明初，出现一些高质量的剧本，南戏开始规范化，宫调也越来越严密，逐渐发展成传奇。传奇得名于故事多取自唐代的传奇小说。

明传奇※众星拱月

明代中期，诞生了许多剧作家，传奇取代了杂剧的地位统治了剧坛。著名的有三大剧《宝剑记》《浣纱记》《鸣凤记》。明代后期，四大声腔互相竞争，催生了以**汤显祖**为代表的一大批剧作家，创造了大量高质量的剧本。

《长生殿》明皇贵妃月宫团圆场景

清传奇※《长生殿》

清初，不少文人以写剧抒情，让传奇继续保持繁荣。**洪昇**的《长生殿》是最成功的传奇之一，讲述的是唐玄宗李隆基和贵妃杨玉环的爱情故事。洪昇别出心裁，在后半部分写李隆基日夜思念杨玉环，杨玉环在织女帮助下登天成仙，也念念不忘与李隆基的爱情，感动了玉帝，恩准两人到天上重逢，永世厮守。全剧包括50出，8万多字。

清传奇※《桃花扇》

清初作家**孔尚任**的《桃花扇》写的是明末文人侯方域和秦淮歌女李香君的爱情故事。桃花扇是侯、李的定情信物，见证了二人的悲欢离合，反映了南明王朝的兴亡。桃花扇还是推动剧情发展的道具。

专题：剧作家汤显祖

"似水流年""如花美眷""情不知所起，一往而深"，这么美的词句，你可知都出自一个人之手？他就是明末伟大的剧作家汤显祖。他藐视权贵，敢于斗争，最后弃官回家，创作了一系列讴歌"情"，追求个性解放的作品，是中国乃至世界文学的瑰宝。

"临川四梦"，成就辉煌

汤显祖的剧作，《紫钗记》中有"晓窗圆梦"的情节，《牡丹亭》中有"游园惊梦"的情节，《南柯记》《邯郸记》两篇故事也是梦——"南柯一梦""黄粱美梦"，又因为汤显祖是江西临川（今抚州）人，所以这四部精彩的传奇又被称为"临川四梦"。

牡丹亭（第十出 惊梦 节选）

[明] 汤显祖

〔皂罗袍〕原来姹紫嫣红开遍，似这般都付与断井颓垣。良辰美景奈何天，赏心乐事谁家院。

《牡丹亭》柳梦梅游园拾画场景

因情而死，因情复生

《牡丹亭》写官家小姐杜丽娘，在梦中邂逅书生柳梦梅，两情相悦，醒来后思念成疾而死。她向阎罗王争取到化作游魂重返人间的机会，终于等来了柳梦梅，她随即复活，二人结为夫妻。在她的努力和坚持下，他们的婚姻最终也得到了家长的认可。

附录 ※ 部编版义务教育阶段语文课本古诗文统计表

注：下表括号里的绿色字表示所在分册，比如"六上"，意思是六年级上册。

本书页码	文学主题		语文课本收录的古诗文（含改编）
10	诗经		采薇（六下）、关雎（八下）、蒹葭（八下）、式微（八下）、子衿（八下）
12	汉乐府诗		江南（一上）、长歌行（六下）、迢迢牵牛星（六下）、庭中有奇树（八上）、十五从军征（九下） **附北朝乐府诗歌：**敕勒歌（二上）、木兰诗（七下）
13	建安诗歌		观沧海（七上）、龟虽寿（八上）、梁甫行（八上）、赠从弟（其二）（八上）
14	陶渊明诗		饮酒（其五）（八上）
18	唐诗	初唐	咏鹅（一上）、风（一上）、咏柳（二下）、蝉（五上）、回乡偶书（六上）、登幽州台歌（七下）、野望（八上）、送杜少府之任蜀州（八下）
		盛唐	**王维：**画（一上）、九月九日忆山东兄弟（三下）、鹿柴（四上）、山居秋暝（五上）、鸟鸣涧（五下）、送元二使安西（六下）、竹里馆（七下）、使至塞上（八上） **孟浩然：**春晓（一下）、宿建德江（六上）、过故人庄（六上）、望洞庭湖赠张丞相（八下） **王昌龄：**采莲曲（三上）、出塞（四上）、芙蓉楼送辛渐（四下）、从军行（其四）（五下） **李白：**古朗月行（节选）（一上）、赠汪伦（一下）、静夜思（一下）、望庐山瀑布（二上）、夜宿山寺（二上）、望天门山（三上）、早发白帝城（三上）、独坐敬亭山（四下）、黄鹤楼送孟浩然之广陵（五下）、闻王昌龄左迁龙标遥有此寄（七上）、峨眉山月歌（七上）、春夜洛城闻笛（七下）、渡荆门送别（八上）、送友人（八下）、行路难（其一）（九上） **杜甫：**绝句（两个黄鹂）（二下）、绝句（迟日江山丽）（三下）、江畔独步寻花（四下）、闻官军收河南河北（五下）、春夜喜雨（六下）、江南逢李龟年（七上）、望岳（七下）、春望（八上）、月夜（八上）、茅屋为秋风所破歌（八下）、石壕吏（八下）、月夜忆舍弟（九上） **其他：**登鹳雀楼（二上）、别董大（四上）、凉州词（葡萄美酒夜光杯）（四上）、枫桥夜泊（五上）、凉州词（黄河远上白云间）（五下）、行军九日思长安故园（七上）、次北固山下（七上）、逢入京使（七下）、黄鹤楼（八上）、题破山寺后禅院（八下）、长沙过贾谊宅（九上）、白雪歌送武判官归京（九下）
		中唐	**白居易：**池上（一下）、赋得古原草送别（节选）（二下）、大林寺桃花（三下）、暮江吟（四上）、钱塘湖春行（八上）、卖炭翁（八下） **刘禹锡：**望洞庭（三上）、浪淘沙（其七）（四上）、浪淘沙（其一）（六上）、秋词（其一）（七上）、酬乐天扬州初逢席上见赠（九上） **韩愈：**早春呈水部张十八员外（六下）、晚春（七下）、左迁至蓝关示侄孙湘（九上） **其他：**悯农（其二）（一上）、寻隐者不遇（一下）、小儿垂钓（二上）、江雪（二上）、悯农（其一）（二下）、塞下曲（月黑雁飞高）（四下）、游子吟（五下）、寒食（六下）、十五夜望月（六下）、马诗（六下）、夜上受降城闻笛（七上）、雁门太守行（八上）
		晚唐	**杜牧：**山行（三上）、清明（三下）、江南春（六上）、秋夕（七上）、泊秦淮（七下）、赤壁（八上） **李商隐：**嫦娥（四上）、七夕（七上）、夜雨寄北（七上）、贾生（七下）、无题（相见时难别亦难）（九上） **其他：**滁州西涧（三下）、蜂（四下）、乞巧（五上）、商山早行（九上）、咸阳城东楼（九上）

续表

22	宋词	北宋	**苏轼：**浣溪沙·游蕲水清泉寺（六下）、卜算子·黄州定慧院寓居作（八下）、水调歌头（明月几时有）（九上）、江城子·密州出猎（九下）、定风波（莫听穿林打叶声）（九下）
			其他：卜算子·送鲍浩然之浙东（六下）、清平乐（春归何处）（六下）、鹊桥仙（纤云弄巧）（七上）、浣溪沙（一曲新词酒一杯）（八上）、采桑子（轻舟短棹西湖好）（八上）、行香子（树绕村庄）（九上）、渔家傲·秋思（九下）
		南宋	**辛弃疾：**清平乐·村居（四下）、西江月·夜行黄沙道中（六上）、丑奴儿·书博山道中壁（九上）、破阵子·为陈同甫赋壮词以记之（九下）、太常引·建康中秋夜为吕叔潜赋（九下）、南乡子·登京口北固亭有怀（九下）。**陆游：**卜算子·咏梅（八下）
24	宋诗	北宋	**苏轼：**赠刘景文（三上）、饮湖上初晴后雨（三上）、惠崇春江晚景（三下）、题西林壁（四上）、六月二十七日望湖楼醉书（六上）
			王安石：梅花（二上）、元日（三上）、书湖阴先生壁（六上）、泊船瓜洲（六下）、登飞来峰（七下）。**范仲淹：**江上渔者（六下）
		南宋	**杨万里：**小池（一下）、晓出净慈寺送林子方（二下）、宿新市徐公店（四下）、稚子弄冰（五下）、过松源晨炊漆公店（其五）（七下）
			陆游：示儿（五上）、秋夜将晓出篱门迎凉有感（五下）、十一月四日风雨大作（其二）（七上）、游山西村（七下）
			其他：夜书所见（三上）、雪梅（四上）、四时田园杂兴（其二十五）（四下）、题临安邸（五上）、观书有感（其一）（五上）、观书有感（其二）（五上）、四时田园杂兴（其三十一）（五下）、村晚（五下）、乡村四月（五下）、春日（六上）、游园不值（六下）、约客（七下）、过零丁洋（九下）、南安军（九下）
26	元散曲		天净沙·秋思（七上）
—	其他诗歌		**诗：**画鸡（一下）、村居（二下）、舟夜书所见（二下）、所见（三上）、墨梅（四下）、己亥杂诗（其一百二十五）（五上）、长征（六上）、石灰吟（六下）、竹石（六下）、潼关（七上）、己亥杂诗（其五）（七下）、别云间（九下）
			词：忆江南（江南好）（三下）、卜算子·咏梅（四下）、长相思（山一程）（五上）、渔歌子（五上）、沁园春·雪（九上）、满江红（小住京华）（九下）、浣溪沙（身向云山那畔行）（九下）、山坡羊·潼关怀古（九下）、山坡羊·骊山怀古（九下）、朝天子·咏喇叭（九下）
30	先秦的叙事散文		坐井观天（二上）、狐假虎威（二上）、亡羊补牢（二下）、南辕北辙（三下）、唐雎不辱使命（九下）、曹刿论战（九下）、邹忌讽齐王纳谏（九下）
31	诸子的说理散文		刻舟求剑（二上）、揠苗助长（二下）、守株待兔（三下）、扁鹊治病（四上）、纪昌学射（四上）、自相矛盾（五下）、学弈（六上）、两小儿辩日（六上）、杞人忧天（七上）、得道多助 失道寡助（八上）、富贵不能淫（八上）、生于忧患 死于安乐（八上）、愚公移山（八上）、北冥有鱼（八下）、庄子与惠子游于濠梁之上（八下）、鱼我所欲也（九下）
33	两汉史传		**史记：**大禹治水（二上）、西门豹治邺（四上）、将相和（五上）、田忌赛马（五下）、周亚夫军细柳（八上）、陈涉世家（九下）
			附其他史文：曹冲称象（二上）、司马光（三上）、囊萤夜读（四下）、伯牙鼓琴（六上）、管鲍之交（七上）、穿井得一人（七上）、孙权劝学（七下）
34	唐宋散文		书戴嵩画牛（六上）、卖油翁（七下）、陋室铭（七下）、爱莲说（七下）、记承天寺夜游（八上）、小石潭记（八下）、马说（八下）、岳阳楼记（九上）、醉翁亭记（九上）
—	其他古文		少年中国说（五上）、诫子书（七上）、三峡（八上）、答谢中书书（八上）、桃花源记（八下）、核舟记（八下）、虽有嘉肴（八下）、大道之行也（八下）、湖心亭看雪（九上）、送东阳马生序（九下）、出师表（九下）
42-49	古典小说		王戎不取道旁李（四上）、草船借箭（五下）、景阳冈（五下）、猴王出世（五下）、红楼春趣（五下）、杨氏之子（五下）、咏雪（七上）、陈太丘与友期行（七上）、割席断交（七上）、狼（七上）、河中石兽（七下）、智取生辰纲（九上）、范进中举（九上）、三顾茅庐（九上）、刘姥姥进大观园（九上）

参考书目

[1] 中华人民共和国教育部.义务教育语文课程标准（2022年版）[S].北京：北京师范大学出版社，2022.

[2] 袁行霈.中国文学史（第三版）[M].北京：高等教育出版社，2014.

[3] 罗宗强，陈洪.中国古代文学发展史[M].天津：南开大学出版社，2003.

[4] 董乃斌，钱理群.彩色插图本中国文学史[M].贵阳：贵州人民出版社，2004.

[5] 程郁缀.一日看尽长安花[M].上海：上海交通大学出版社，2013.

[6] 齐世荣.义务教育教科书 中国历史 七年级 上册[M].北京：人民教育出版社，2016.

[7] 齐世荣.义务教育教科书 中国历史 七年级 下册[M].北京：人民教育出版社，2016.

[8]（清）姚鼐编纂，胡士明、李祚唐校点.古文辞类纂[M].上海：上海古籍出版社，2017.

[9]（清）蘅塘退士选编，顾青编注.唐诗三百首[M].北京：中华书局，2016.

[10]（宋）谢枋得选编，谷一然编注.千家诗[M].北京：人民文学出版社，2021.

[11] 李长之.李白传[M].杭州：浙江文艺出版社，2019.

[12] 洪业.杜甫：中国最伟大的诗人[M].上海：上海古籍出版社，2011.

[13] 陈贻焮.杜甫评传[M].北京：北京大学出版社，2003.

[14] 戴建业.两宋诗词简史[M].上海：上海文艺出版社，2019.

[15]（清）上彊村民选编，吕明涛、谷学彝编注.宋词三百首[M].北京：中华书局，2016.

[16]（清）吴楚材、吴调侯选编，钟基、李先银、王身钢译注.古文观止[M].北京：中华书局，2011.

[17] 鲁迅.中国小说史略[M].北京：商务印书馆，2011.

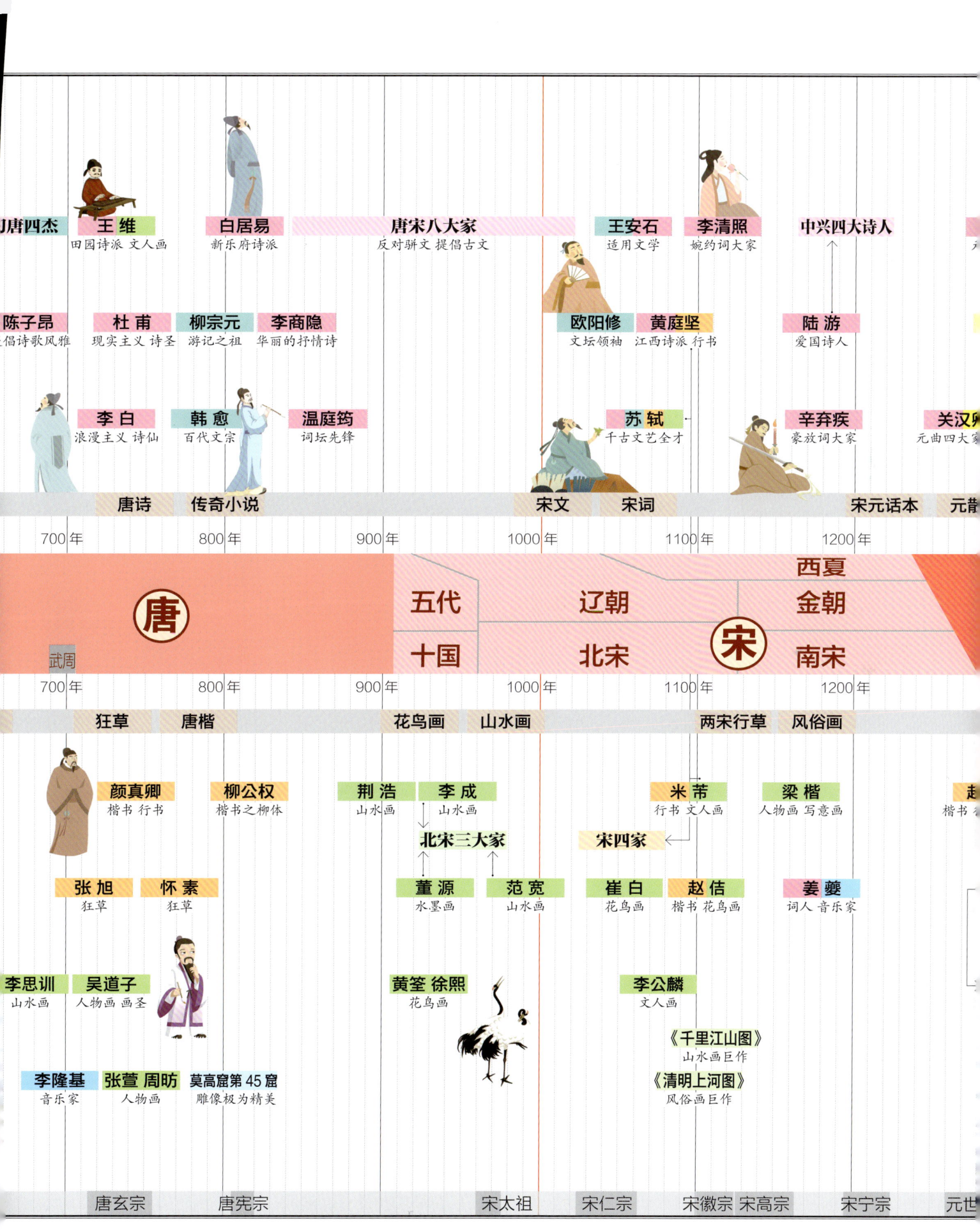

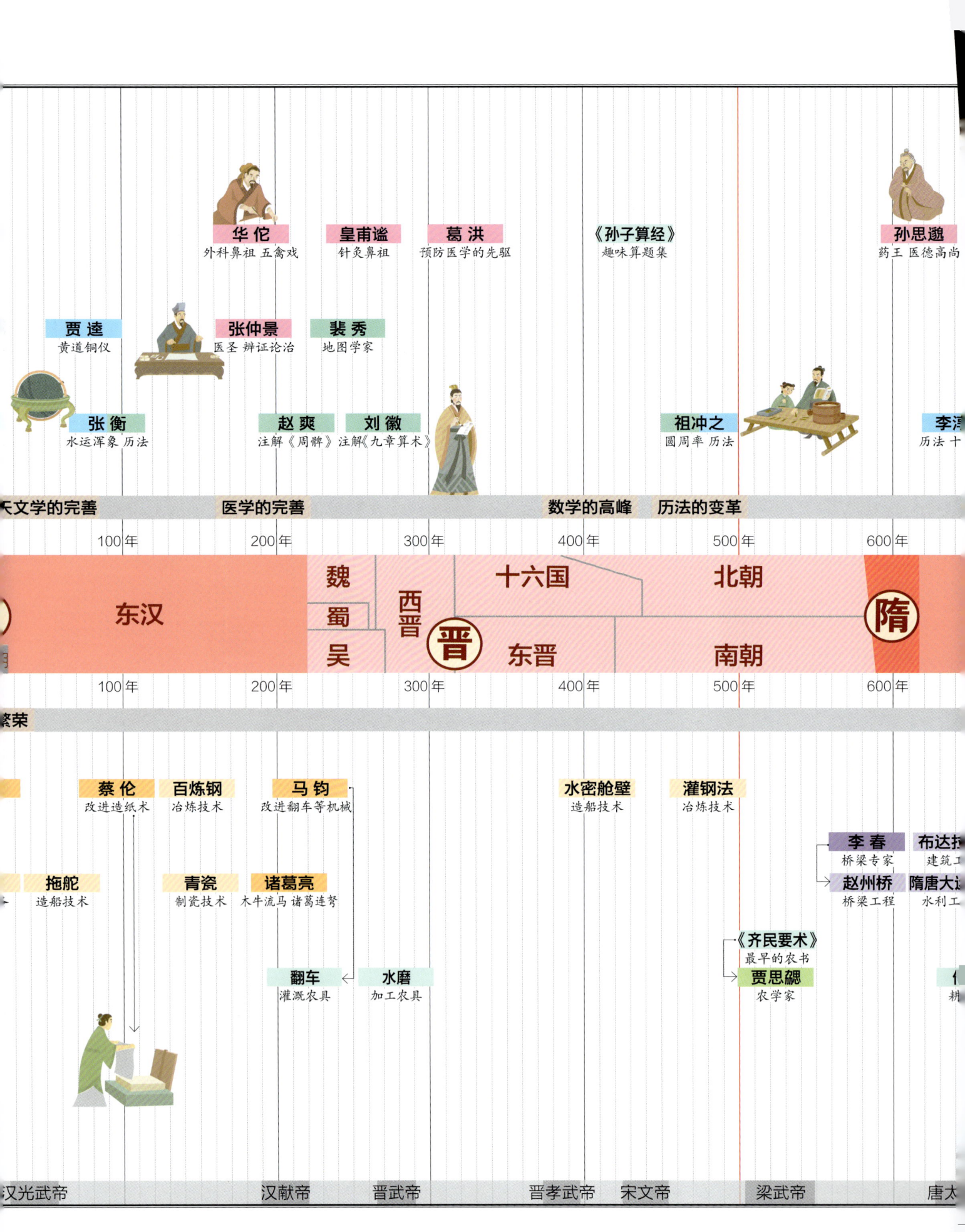

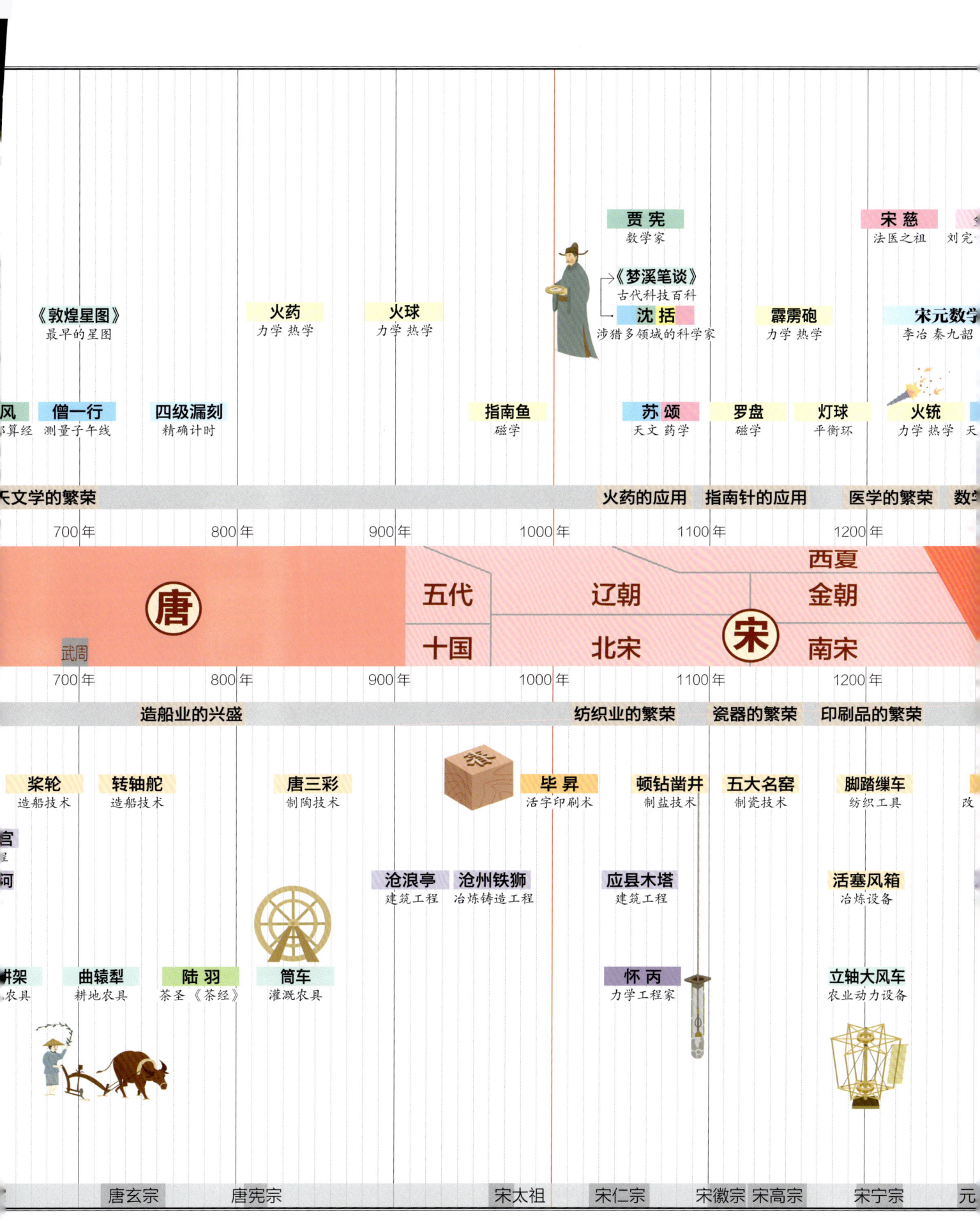

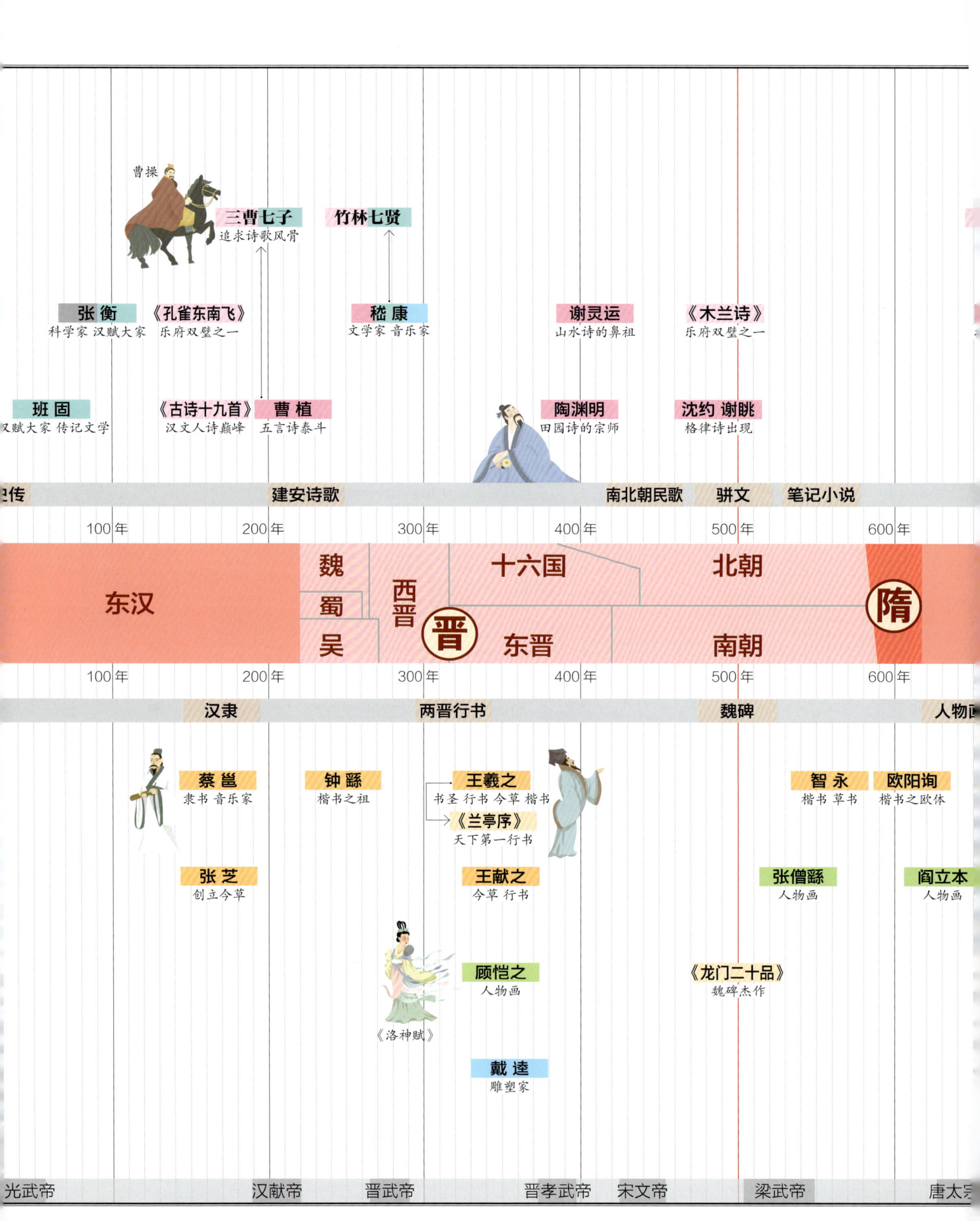

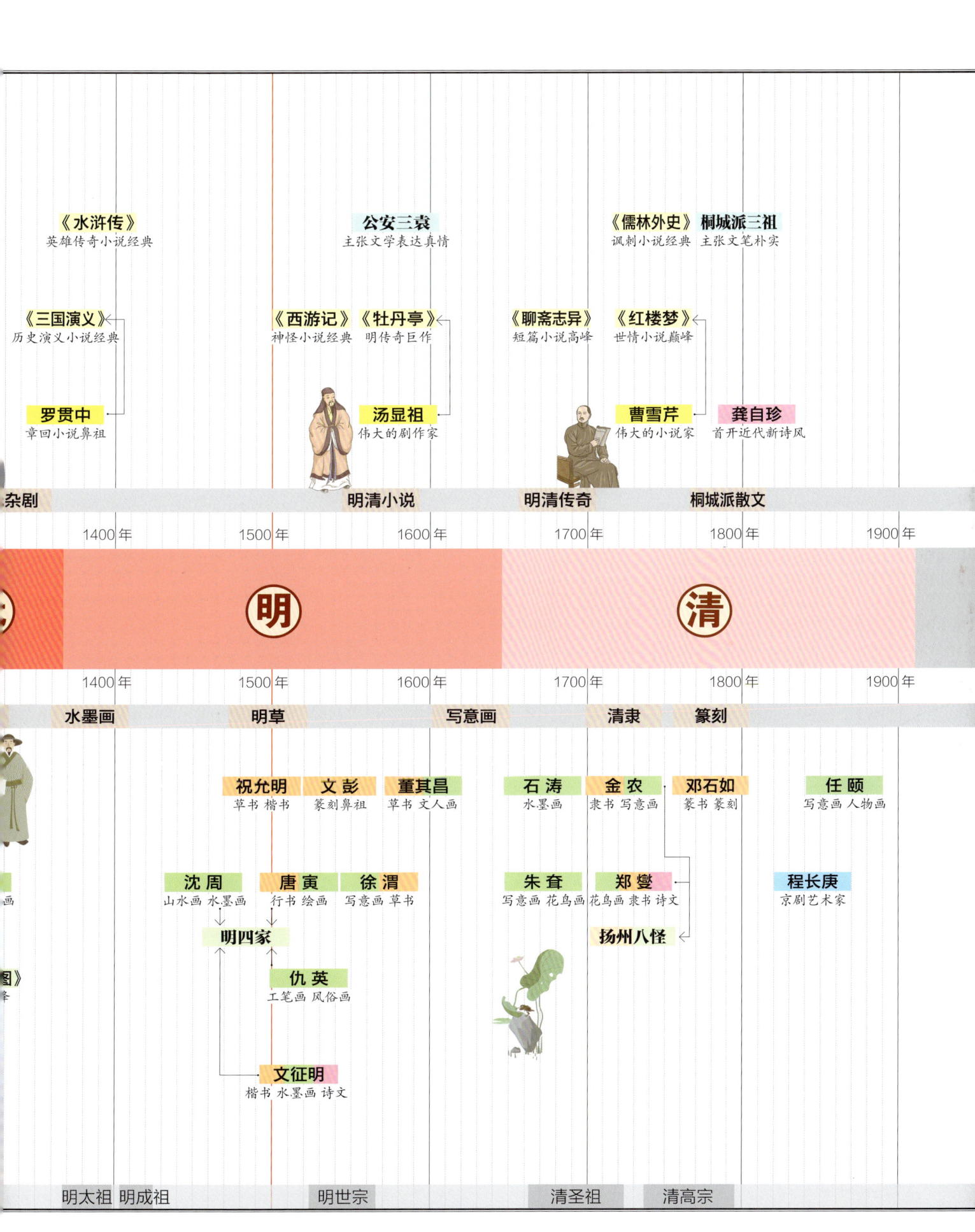

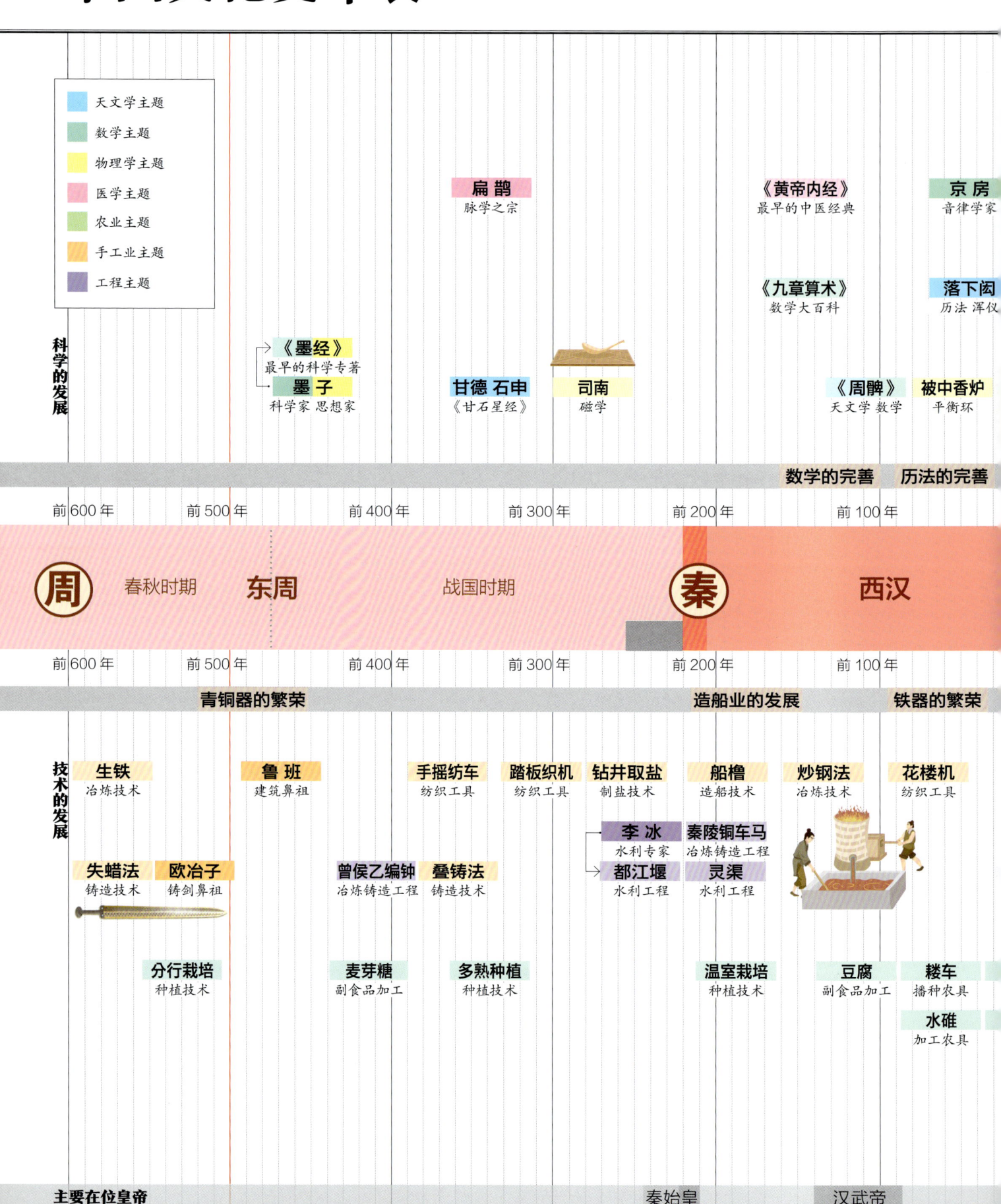

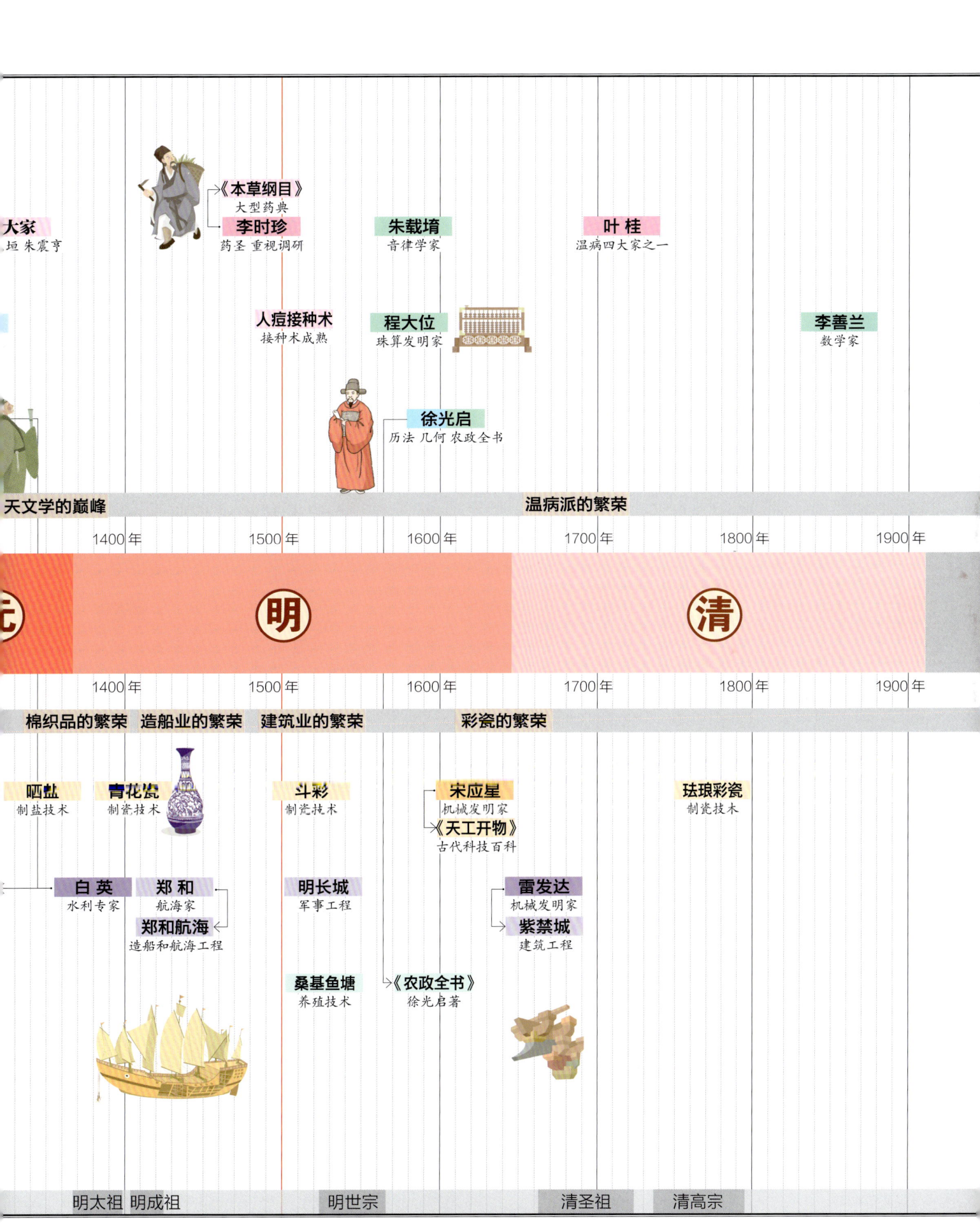

中国文化史年表（一）

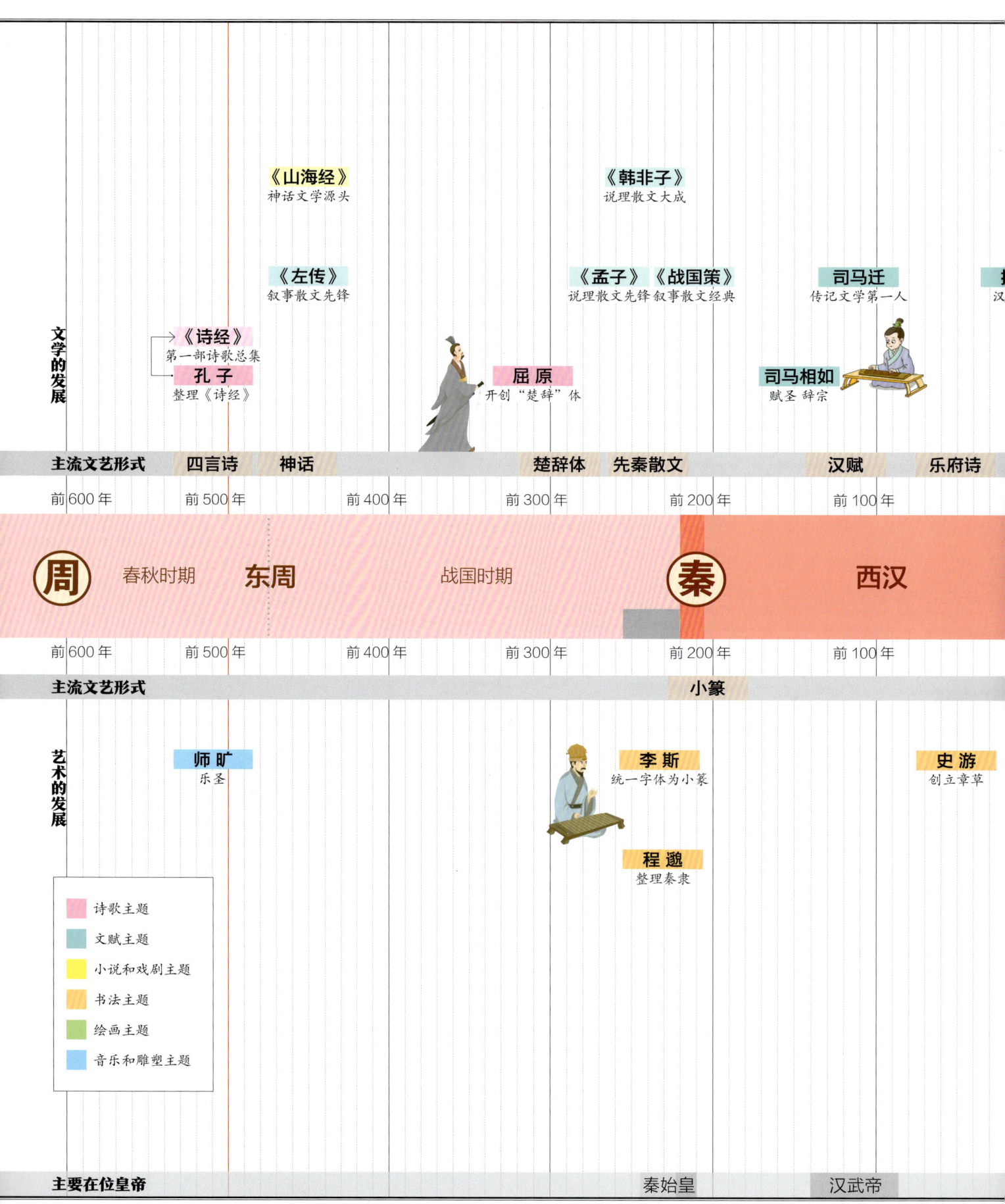

理清时间线 文史特简单

② 艺术的盛宴

钱 斌　周国宝 著

中国轻工业出版社

精彩绝伦的艺术品是由艺术家创造的
15 位顶级艺术家，在本书中都有介绍
以下索引，方便你更快了解你喜爱的艺术家

29	蔡邕 / 东汉 / 书法 音乐		13	范宽 / 宋代 / 绘画
38	王羲之 / 东晋 / 书法		18	米芾 / 宋代 / 书法 绘画
42	戴逵 / 东晋 / 雕塑		19	赵孟頫 / 元代 / 书法 绘画
10	顾恺之 / 东晋 / 绘画		20	黄公望 / 元代 / 绘画
10	吴道子 / 唐代 / 绘画		23	徐渭 / 明代 / 书法 绘画
31	张旭 / 唐代 / 书法		23	朱耷 / 清代 / 绘画
49	李隆基 / 唐代 / 音乐舞蹈		52	程长庚 / 清代 / 戏曲
34	颜真卿 / 唐代 / 书法			

目录

- 06 导读 ※ 提升我们的美感
- 08 **中国古代绘画年表**
- 10 人物画的形和神
- 12 山水画的艳和素
- 14 花鸟画的线和色
- 16 风俗画的趣味
- 18 从画工画到文人画
- 20 从设色画到水墨画
- 22 从工笔画到写意画

- 24 **中国古代书法年表**
- 26 从篆体到篆刻
- 28 隶书的起起落落
- 30 草书的另类艺术
- 32 楷书成了真书
- 34 **专题** ※ **楷书四大家**
- 36 行书美感十足
- 38 **专题** ※ **王羲之和《兰亭序》**
- 40 碑学和帖学

- 42 **中国古代雕塑年表**
- 44 千年莫高窟

- 46 **中国古代音乐和舞蹈年表**
- 48 八音和鸣
- 50 百戏争妍
- 51 曲艺小史
- 52 **专题** ※ **京剧**

- 54 附录 ※ 中国古代书画作品赏析案例
- 56 参考书目

对"美"的不断追求,
让艺术百花争相绽放。

导读 * 提升我们的美感

什么是艺术，也许很难说清楚。艺术一定是艺术家内心有着热烈的情感，然后高呼，我要画出来，我要写出来，我要奏出来，我要塑出来……

如果说，技术在追求好用，那么艺术则在追求好看——美不是用途。如果说，技术讲究严谨，那么艺术则讲究创新——美是独特的。

中国传统艺术主要有书法、绘画、音乐、舞蹈、戏曲、曲艺、雕塑等表现形式。它们通过书法家、画家、音乐家、舞蹈家、表演艺术家以及手工艺人的演绎，经过几千年的传承和积淀，真诚地呈现在我们眼前。

中国传统艺术，早已成为中华文化的基因，是中国人的骄傲。

色彩

国画有水墨和设色之分，戏服分上下五色，雕塑常用重彩。丰富的中国传统色往往取材于万物原色，按需配色，体现着中国审美趣味。天青、月白、鹅黄、竹绿……这些古意十足的中国传统色名字，光听起来就美极了。水墨山水画体现的是文人对宁静高雅的追求，戏服的色彩可以体现人物的身份和场景的悲欢，雕塑中经常通过色彩的深浅冷暖表达创作者的价值追求。

造型

书法中的结字，绘画中的布局，雕塑中的体态，戏曲中的装扮，都属于造型。中国人喜欢追求动态的平衡。在一个书法单字中，需要有主笔起到平衡左右，有笔势体现动态。寺庙雕塑中的"四大天王"，布局左右对称，造型同中有变，既有平衡之美，也有动态之美。

节奏

书法中的章法，音乐中的旋律，戏曲中的唱腔……都富有节奏感。一幅草书，必然字大小相间，圆涩交织。京剧的千回百转和流水快板，体现了轻重缓急的节奏。古典音乐中，锣鼓主导着节奏，有低沉和高亢，也有阳刚和阴柔。

气韵

气韵是艺术家的真情，是艺术品的意境。技法不是最高追求，意境才是永恒目标。《兰亭序》中可见惠风和畅，《富春山居图》画了心灵家园，《高山流水》能遇知音……用心灵和艺术作品沟通，我们能找到通往中国美学的钥匙。

了解了祖先对美的判断，理解了我们的文化基因，我们才能在前进的道路上，敢于创新，让中华艺术之花绽放时代光彩。

中国古代绘画年表

中国绘画，具有悠久的传统和鲜明的特色。两千多年前战国时期的两幅帛画，就确立了国画注重线条和追求神采的风格形式。至五代，人物画、山水画、花鸟画三科鼎立，相得益彰。宋代，文人群体成了画坛的主力。元代，水墨画超越彩墨画深刻影响着中国画的意境。明末，写意技法占据了主流。中国画在不断的升级中，寻找着新的成长方向。

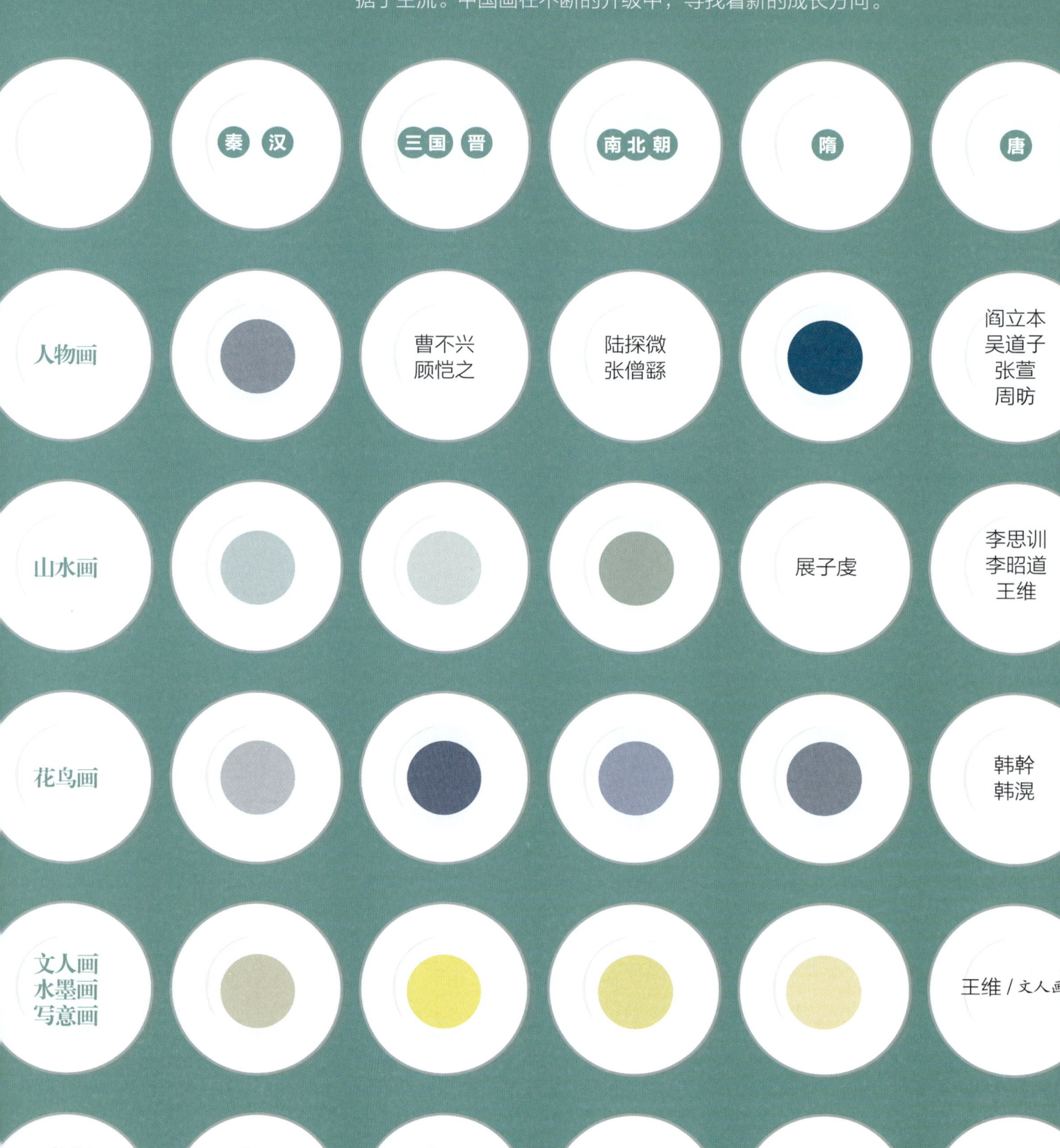

	秦汉	三国 晋	南北朝	隋	唐
人物画		曹不兴 顾恺之	陆探微 张僧繇		阎立本 吴道子 张萱 周昉
山水画				展子虔	李思训 李昭道 王维
花鸟画					韩幹 韩滉
文人画 水墨画 写意画					王维／文人画

国画的分类

按题材分：人物画、山水画、花鸟画
按作者分：画工画、文人画
按色彩分：设色画、水墨画
按技法分：工笔画、写意画
注：有时候把风俗画从人物画里独立成类

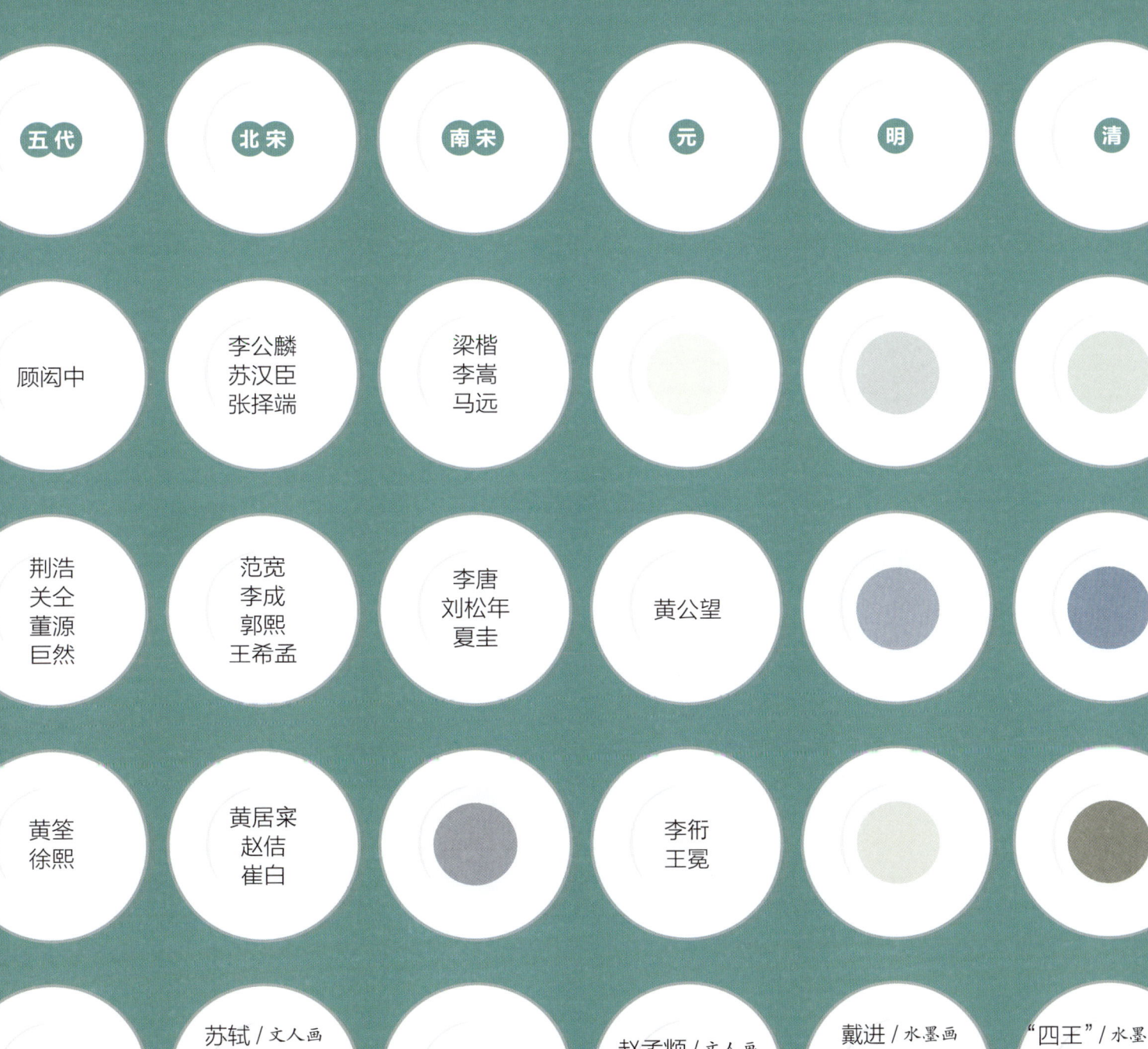

人物画的形和神

战国时期的《人物龙凤帛画》和《人物御龙帛画》,是我国现存最早的人物画。到了汉代,人物画蓬勃发展,漆画、帛画、壁画、画像砖等各种绘画形式,几乎都以人物为主要题材。其中最具代表性的长沙马王堆一号汉墓帛画,天上、人间、地下的场景中人物多达 20 个。

取材于《洛神赋图》

六朝① 人物画独立成科

六朝时期,社会动荡,文人思想活跃,创作开始大胆而个性化。东晋著名画家**顾恺之**,以线造型、以形写神。他采用高古游丝描笔法,一改秦汉的古拙画风,用笔仿佛"春蚕吐丝",匀速而流畅,其代表作是长卷《洛神赋图》。

唐代 人物画走向成熟

唐代人物画开始细分题材,场景也更加大气。初唐的**阎立本**,他的画能够很好地记录历史,其代表作《步辇(niǎn)图》中,皇帝、使者、侍女气质迥异,形象跃然纸上。盛唐的**吴道子**,画技高超,他画的人物衣带飘舞,让人有微风拂面之感,被后人称为"画圣"。到了中唐,**张萱**(xuān)和**周昉**(fǎng)擅长绘制仕女画,其代表作《虢(guó)国夫人游春图》《捣练图》和《簪(zān)花仕女图》等作品,人物丰润,描写传神,虽然设色明艳,但一点也不俗气。

取材于《虢国夫人游春图》

① 吴、东晋、宋、齐、梁、陈,先后建都于建康(吴称建业,今南京),合称六朝。

五代 ※ 有情感的人物画

五代的画家们有意摆脱唐代人物画固定的审美方式，开始更多地按照自己对人物的理解去作画，给画中人物注入情感和生活气息。**顾闳（hóng）中**的《韩熙载夜宴图》为我国十大传世名画之一，作者以类似连环画的形式完整地展示了南唐名臣韩熙载的夜宴盛景。画中人物有主有次，有动有静，有情感互动，整幅画非常有节奏感。

宋代 ※ 鼎盛时期的人物画

北宋朝廷画院招揽"艺术特长生"，推动着人物画进入创作鼎盛期。**李公麟**的很多画不设色，只用流畅的线条就准确地勾勒出造型，被后人奉为"白描大师"。宋徽宗**赵佶**的《听琴图》，**苏汉臣**的《秋庭戏婴图》，都用工整的笔法把人物刻画得惟妙惟肖，前者意境超然，后者趣味盎然。南宋的**梁楷**是"减笔法"的高手，《泼墨仙人图》和《李白行吟图》均寥寥几笔，便画出人物的神韵。

取材于《韩熙载夜宴图》

明清 ※ 各有所长的人物画

明代肖像画开始兴盛，《明人十二像册》的人像还采用了晕染法来为皮肤上色。明末清初的**陈洪绶（shòu）**，画的人物造型丰富，动感十足。清代人物画呈现出多种风格，**冷枚**的新派仕女画，**扬州八怪**的狂怪人物画，**任颐**的海派写意人物，都取得很高成就。

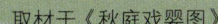
取材于《秋庭戏婴图》

山水画的艳和素

魏晋时，画坛一直以人物画为主。受道家隐居山水情怀的影响，画家在画人物之外，开始寻觅山水之美。在《洛神赋图》的背景中，能看到顾恺之已经开始以山水来衬托人物。到了南朝，画家**宗炳**认为，山水虽然没有生命，但是画山水是一个抒写意境的过程，这为山水画成为独立的画科奠定了基础。

隋唐 ※ 山水画的兴起

隋唐时期，山水画有了较大发展。**展子虔**（qián）的《游春图》描绘出一幅阳光和煦、山川叠翠的春游场景，开创了"青绿山水画"的先河。后来，**李思训**和**李昭道**父子俩发展了他的画法，在石青和石绿的基础上加入了泥金颜料，创造了"金碧山水画"，《明皇幸蜀图》正是体现了这种风格。与之相反的是诗人**王维**，他以诗入画，诗画呼应，开创"水墨山水画"，他的画比金碧青绿淡雅许多，可惜他的《辋（wǎng）川图》没有流传下来。

五代 ※ 山水画的繁荣

五代时期战乱频发，文人常寄情于山水，受各自生活环境的影响，逐步形成了南北两种画派。北派以**荆浩**、**关仝**（tóng）为代表，用"小斧劈皴（cūn）"技法表现石质坚凝的北方山水。南派则以**董源**、**巨然**为代表，用"披麻皴"技法展示平缓温润的南方山水。他们以大自然为老师，画风形成了鲜明对比，其中"披麻皴"对后世的很多画家影响都很大。

斧劈皴法　　披麻皴法

※ 皴法

国画技法，用毛笔在纸上蹭擦。"斧劈皴"能突出岩石的棱角，"披麻皴"则可以表现山峦的秀丽。

宋代 山水画的黄金时代

宋代文人地位很高，画家可以尽情施展自己的才华。这一时期，水墨山水画发展到了可以跟青绿山水画不相上下的地步，两种画风都取得了相当不错的成就。青绿山水画家**王希孟**的《千里江山图》，浓墨山水画大师**范宽**的《溪山行旅图》，在世界美术史上都有着极高的地位。另一位山水画大师**李成**，则喜欢淡墨，他的《寒林平野图》意境高冷，对后世影响极大。

取材于《千里江山图》

元明清 山水画的转折时代

元代画家在创作时"变描为写，以书入画"，将画作当作个人情感的寄托之所。青绿山水派发展缓慢，水墨山水派成为主流，代表人物是**黄公望**，他的《富春山居图》成为山水画的巅峰，他还开创了同样淡雅的"浅绛山水画"。明代山水画流派众多，在摹仿古人和寻求变革之间不断探索，**沈周**融合南北画派，**仇（qiú）英**精于工笔，都取得了不小的成就。清代写意画法流行，**石涛**的巨型绢本《庐山观瀑图》把山水画带到了一个新顶点。

花鸟画的线和色

花鸟画可不仅仅是画花和画鸟，它的题材包括各种植物和动物。魏晋南北朝时期，花鸟经常出现在人物画卷中用来做装饰。随着画家们对向往自然、关爱生命理解的深入，花鸟题材越来越多地被画家纳入到画卷中。

唐代 ※ 花鸟画正式独立

唐代文化繁荣，不断拓展艺术边界的画家们，开始频频把花鸟绘入画中，花鸟画开始独立成一个画科。当时画家们十分重视写生，追求真实感。**韩干**（gàn）是画马好手，他曾以唐玄宗的御用坐骑创作了《照夜白图》。**韩滉**（huàng）则善画牛，其唯一存世的《五牛图》是现存最古老的纸本画作，五头牛五种神态，鲜活生动。

※※ 画龙点睛

南北朝有位大画家叫张僧繇（yáo），他的画特别传神。传说有次他在墙上画了四条没有眼睛的龙，围观者请他把龙的眼睛点上。张僧繇为其中的两条龙画上眼睛后，突然乌云密布，两条龙凌空飞起。从此有了"画龙点睛"的说法。这个成语比喻创作或说话时，在关键的地方处理得好，能让内容更加生动传神。

取材于徐熙《梅花双鹤图》

取材于黄居寀《山鹧棘雀图》

五代 ※ 富贵派和野逸派各有千秋

花鸟画技法在五代时已十分成熟，涌现出以西蜀**黄筌**（quán）和南唐**徐熙**为代表的两大花鸟画派。**黄筌**多描绘宫廷中的花卉珍禽，先浓墨勾勒，后重彩渲染，人称"富贵派"花鸟。**徐熙**多画田野间的野花水鸟，质朴简练，清新洒脱，得名"野逸派"花鸟。

宋代 ※ 工笔花鸟画走向辉煌

北宋初期，黄筌之子**黄居寀**（cǎi）加入宫廷画院，继承父亲画风，引领着北宋花鸟画的富贵风格。直到野逸派花鸟画大师**崔白**的出现，统治北宋画坛百余年的富贵花鸟风才被打破，他的《双喜图》极富苍凉野趣，艺术水平很高。**宋徽宗**时期编撰的《宣和画谱》收录有北宋三十位花鸟画家的近二千件作品，其中包括他自己的《芙蓉锦鸡图》，成就极高。南宋宫廷画院依然繁荣，但更流行表现寻常花鸟的小幅画。

取材于《芙蓉锦鸡图》

元明清 ※ 水墨花鸟画开始兴盛

元代和明代，花鸟画创作从写形向写意过渡，**李衎**（kàn）的墨竹、**王冕**的墨梅，**吴门画派**的花鸟小品，把水墨花鸟画的发展推向高峰。**徐渭**的水墨花卉则把写意又推进了一大步。

清代是写意花鸟画非常繁荣的时期，画家更加追求笔情墨趣，风格多样。**恽**（yùn）**寿平**的没（mò）骨花鸟画，**朱耷**的简约花鸟画，**扬州八怪**的新奇花鸟画，影响都很大。

※※ 扬州八怪

也称扬州画派，是清朝中期活跃于扬州地区的一批书画家，以金农、郑燮、黄慎等为代表，他们的作品风格洒脱，存世量大，影响深远。

风俗画的趣味

风俗画,画的是人物百态,人间烟火。欣赏着风俗画,我们仿佛可以穿越到画中的那个时代。宋代以前,风俗画只是零散出现;到宋代,风俗画迎来了创作繁荣期,甚至成为人物画之外的独立画科。

宋代 风俗画的高峰期

宋代风俗画展现的内容极为广泛,如艺人站在街头说书,孩童围着货郎打转,郎中来到乡间行医,充满了浓郁的生活气息。这其中最著名的有北宋**张择端**的《清明上河图》,南宋**李嵩**的《货郎图》以及**李唐**的《村医图》。

《清明上河图》有5米多长,画有1000多个人物,各种动物200多只(头),另有楼阁、船只、车轿等许多景物,如此丰富多彩的内容在历代画作中实属罕见。它就像一张全景照片,展示了宋代的城市生活风貌,画中人物、场景、细节安排合理,繁而不杂,多而不乱。

取材于《清明上河图》
(原作横528厘米,纵24.8厘米)

明清 沿袭宋代的风俗画

"明四家"之一的**仇英**,仿张择端构图新绘《清明上河图》,采用青绿重彩工笔手法,描绘了一幅精致热闹的明代苏州生活画卷。清代宫廷画师笔下的《杭州四季风俗》手卷描绘了杭州当地的百姓礼俗,如新年祝贺、龙舟竞渡、品茶聊天等。

从画工画到文人画

文人画是相对于画工画来说的。早期以绘画为职业的人，被称为画工。名画《汉宫春晓图》中有**毛延寿**为王昭君画肖像的场景，毛延寿就是朝廷的职业画工。随着绘画需求的扩大，文人群体也逐渐参与绘画。中国古代文人追求含蓄，喜欢淡雅，并且思想灵活，他们逐渐取代画工，成为画坛的主力，这就是文人画。

文人画的起源

早在魏晋南北朝时期，顾恺之以形写神，宗炳以画山水来抒写意境，都蕴含着文人画的理念。唐代大诗人**王维**晚年隐居山野，他以诗入画，用文人的审美情趣画出了不少淡雅的水墨山水画，被尊为文人画的鼻祖。

文人画的兴起

北宋画坛，在**苏轼**等人的推广下，文人画广为流行，他们强调在笔墨上流露感情，引导着当时的审美趣味。苏轼喜欢画竹子，他画竹子一气呵成，米芾（fú）问他为什么不一节一节地画，他回答道：竹子也不是一节一节长得呀。瞧，不按常规出牌的苏轼就这样画出了独树一帜的墨竹图。苏轼的《枯木怪石图》便是以很写意的手法创作出来的佳作。**米芾**创造的云山戏墨手法，**李公麟**创造的白描不设色手法，都开创了文人画的新局面。

取材于《秀石疏林图》

取材于《枯木怪石图》

文人画的鼎盛

元明以来,众多文人喜欢借助绘画修身养性,文人画由此进入鼎盛时期。元代**赵孟頫**(fǔ)弥补了文人画缺乏章法的不足,作品质量高,《秀石疏林图》是其代表画作。

明代**沈周**、**文征明**等文人画家,多描写江南山水与文人生活,注重笔墨情趣、诗书画的结合,抒发了宁静高雅的文人情怀。明代后期,书画家**董其昌**把自古以来的画风归纳为南北两宗派,并且极力推崇南宗的文人画,文人画因此被推至新的高度。

※※董其昌给画家分宗派

北宗是以李思训为首的设色山水派,注重画技,传至荆浩、关仝、范宽、郭熙、马远等人。
南宗是以王维为首的水墨山水派,即文人画,注重画境,传至董源、巨然、米芾、黄公望等人。

取材于文征明《中庭步月图》

从设色画到水墨画

水墨画是相对于设色画来说的。国画又称"丹青",因为"丹"和"青"是古人绘画常用的两种颜色。魏晋南北朝时期的画作没有不设色的,到了唐代重彩一度风行。直到**王维**开创水墨山水,成了画坛的一股清流。此后,许多水墨画家借助笔墨的浓淡,点线的交错,描绘出一幅幅高雅的画卷。

宋代 ※ 水墨画走向繁荣

宋代的水墨画,借助山水画的繁荣走向高峰。**董源**开创的南派山水逐渐成为后世水墨画的标准,他的代表作《潇湘图》已是设色极少。米氏父子在董源的基础上有所创新,**米友仁**的《潇湘奇观图》完全不设色,笔法甚少勾勒,但墨法多样,标志着水墨画的高度成熟。另一幅作者难以考究的《潇湘卧游图》,则以淡墨为主调,更为大胆。

取材于王冕《墨梅图》

元代 ※ 水墨画成就最高

进入元代,在众多文人画家的推动下,水墨山水画取得了元代画坛的主导地位。大画家**黄公望**将董源尊为"山水之冠",引领画坛风潮。黄公望作画时,先用淡墨积染,然后用浓墨、焦墨分出远景和近景,构图清爽自然。他总是随身带着纸笔,遇到美丽的景色就当场画下来,八十多岁高龄时,开始实地创作《富春山居图》长卷,这一画就是好多年,该画浓缩了黄公望毕生的技艺和艺术追求,堪称世间珍品,是以成为古代水墨山水画的巅峰之作。**王冕**画的墨梅,简练洒脱,为后人所称道。

明清✕水墨画的变与不变

明代，以**戴进**为首的浙派既有南宋院派的工整，又有元人水墨的写意，画面动感强烈，气势豪放，具有较多新意。稍晚一些，以**吴门画派**为代表的文人水墨画创作，越来越倾向描绘文人自身的生活场景，这种亲近生活的水墨山水景观，更加平易近人。

清代正统水墨画家以"四王"（**王时敏**等四人）最为著名，他们提倡仿古，作品气势磅礴。与之相对应的民间画家，如**石涛**、**朱耷**等人，他们敢于打破传统，在水墨画坛也享有很高的声誉。

取材于《富春山居图》

取材于唐寅的《枯槎鸲鹆（kū chá qú yù）图》

✕✕画家合称

北宋三大家：李成、范宽、董源。
南宋四大家：李唐、刘松年、马远、夏圭。
元四家：黄公望、王蒙、倪瓒、吴镇。
明四家：沈周、文征明、唐寅、仇英。
　　　　也是吴门画派的代表人物。
清初四僧：石涛、朱耷、髡（kūn）残、渐江。

从工笔画到写意画

写意画是相对于工笔画来说的。写意画用简练的笔法描绘景物，追求神似，不像工笔画那样讲究精致和逼真。画工的画基本都是工笔画，文人画家则更喜欢创作写意画。根据笔法简练的程度，可以分为大写意、小写意、兼工带写。写意画墨彩飞扬，高雅传神，是当今国画的主流。

梁楷 ※ 减笔画

南宋时，不喜欢循规蹈矩的**梁楷**，放下皇帝赐给的金带，离开朝廷画院，追寻用最简练的笔墨表现出人物的音容笑貌，抓取景物的本质特征，从而把写意画推入一个新的高度，使人耳目一新。其代表作《泼墨仙人图》和《李白行吟图》均寥寥几笔，便画出人物的神韵。

取材于任颐《独钓》

※※ 胸有成竹

北宋写意画家文同，长年累月地对竹子做细微的观察，以至于不同天气时，不同竹子的颜色、姿势的变化，他都摸得一清二楚。所以文同画起竹子来，根本用不着画草图。友人称赞他说："文同画竹，早已胸有成竹了"。

取材于朱耷《荷石水鸟图》

徐渭 ※ 大写意

宋元时，虽然写意画法已然是主流，但是这种小写意仍然没有跳出文人画的框架。明代后期，**徐渭**则把写意画推向了全新的高度。他多年研究书法，曾评价自己："吾书第一，诗二，文三，画四"，晚年才开始深研绘画，笔墨受书法影响，不求技法与构图，带有强烈真挚的情感，落笔成画。他的《墨葡萄图》狂放行笔，酣畅淋漓，崇尚神似，这就是大写意。

取材于《墨葡萄图》

取材于《李白行吟图》

朱耷 ※ 奇简大写意

自号"八大山人"的清初画家**朱耷**，笔墨极为简约，构图极为新奇，意境却极高。他的水墨写意画，无论是山水还是花鸟，成就都极高。他的大写意不同于徐渭，徐渭是彻底放开笔墨，朱耷的笔墨既能放得开也能收得住，形神兼备。此外，同时期以**金农**、**郑燮**（xiè）为代表的"扬州八怪"均擅长写意花鸟，特别是郑燮的兰竹，名扬四海。

任颐 ※ 海派新写意

清末画家**任颐**，曾在上海卖画为生，成为"海派画家"之一。他学习历朝名家，精通各种画技。他的人物画和花鸟画用笔简练，不局限于水墨，但用色明净，形成了自己的独特画风。他还在许多作品中加入了水彩画的技巧，吸收了油画的速写法，开辟了花鸟画的新天地。同为海派的**吴昌硕**，继承并创新了任颐的花鸟技法，他的画古拙而又活脱，很有气势。

中国古代书法年表

书法，是书写汉字的艺术，是中国独创的表现艺术。书法起源于秦代的篆（zhuàn）书，至汉代简化为隶书，然后又分化为草、楷、行三种书体。在两千多年的历史中，五种书体的书法创作高潮迭起，晋尚韵，唐尚法，宋尚意，明尚态，清尚朴，诞生了许多精美的碑帖，至今仍然让书法家仰慕。

	秦	汉	三国	晋	南北朝	隋
篆书	李斯					
隶书	程邈	蔡邕				
草书		史游 张芝	皇象	索靖 陆机 王献之	智永	
楷书			钟繇	卫铄 王羲之	郑道昭 王僧虔 智永	
行书		刘德升		王羲之 王献之 王珣		

××书法艺术四要素

笔法，也称"用笔"，包括笔锋、笔力、笔势、笔意等艺术技巧。
字法，也称"结字"，指字内笔画的搭配、穿插、呼应、避就等关系。
章法，也称"布白"，指一幅字的整体布局（字间关系、行间关系等）。
墨法，指墨的浓、淡、干、枯、湿的处理艺术。

××小游戏

自文人画兴起以后，书法逐渐和绘画融合，元四家都以书入画，至明清在画上直接题写大段文字已很常见。结合上一篇，在本页找一找书画俱佳的艺术大师。

唐	五代	宋	元	明	清	
					邓石如	
					金农 伊秉绶	
张旭 怀素		陆游		祝允明 徐渭 董其昌 王铎	傅山	
欧阳询 褚遂良 虞世南 颜真卿 柳公权		赵佶	赵孟頫	文征明 祝允明		
颜真卿		苏轼 黄庭坚 米芾 蔡襄	赵孟頫	唐寅		

从篆体到篆刻

春秋战国时期,各诸侯国之间长期战争,各自为政,周朝通用的字体大篆,在各国各自演化,结果差别越来越大。以至于秦始皇统一六国后,不同地方呈上来的文书,字体差别非常大,这怎么看得懂呢?

统一文字为小篆

多种字体并行,很难有效地传达命令。秦始皇提出要"书同文",意思是文字也得统一。于是,以李斯为首的大臣们,以秦国所用的大篆为基础,并吸取各国文字的优点,创造出了一种形体圆整、笔画简略的新字体,这种字体被称为小篆。自此,小篆就成了秦朝官方的规范文字,规范了文字的字形和写法。

最早的书法家李斯

从小篆开始,汉字从图像转向线条,这是汉字发展史上的一大进步。秦始皇很喜欢这种文字,下令全国推广。刚开始时,人们对小篆不熟悉,也不会写,**李斯**便写了几幅作品作为模板供人们临摹学习。李斯被后世视为我国古代书法家第一人,他写的小篆,字迹方正,间距固定,线条流畅,整体来看优美大方,很符合秦朝的气质。

李斯撰写《泰山刻石》

※※秦四山刻石

秦始皇统一中国后,多次巡游各地。丞相李斯奉命用小篆写了多篇文字,记载巡游,刻于石碑。虽然石碑大部分已经不在,但是有四大刻石字迹依然流传至今,他们是《峄山刻石》《泰山刻石》《琅琊刻石》《会稽刻石》。其中《峄山刻石》共223字,字形细劲灵动,严整有序,端庄大气。

方寸之间的篆刻艺术

古人在传达信息时，往往将印章作为信物。汉代以后，随着隶书、楷书取代小篆，小篆就主要用于印章上了。我们可以从许多精美的玉玺、金印上看到小篆的不断艺术化。元代**王冕**发现花乳石可以做印章，为篆刻艺术的繁荣做好了铺垫。明代的**文彭**用青田石治印，成为篆刻艺术的开山鼻祖。清代，**邓石如**、**赵之谦**等篆刻大师，他们自己手写篆书入印，大大拓展了小篆的书法艺术。直到今天，书画作品的落款处依然会盖上作者的篆刻印。

秦始皇巡游泰山

隶书的起起落落

秦朝的小篆出现后，各地通行同一种文字，自然方便了很多。但小篆笔画繁多，书写复杂，很难快速书写，面对越来越繁忙的公文处理，人们迫切需要一种更简化的字体。

程邈狱中创秦隶

秦朝的小吏**程邈**（miǎo）因犯了事被关进监狱。在狱中，他想起隶人（相当于今天的秘书）为了高效，用小篆写公文时经常随意简化。于是，程邈决心归纳出一套更简化的字体。他化圆为方，化弧为直，简化笔画，扩展字身，这就形成了一种更加简便实用的字体。因为这种字体便于隶人快速书写，所以被称作隶书。秦始皇见后很是赏识，释放了他，并命他整理新字体。

秦简

更加简化的汉隶

隶书在汉代得到了进一步的发展，它与秦隶相比，更为简化，更加扁平（秦隶窄长）。汉武帝时期，汉隶基本成熟，出现了许多书法家，隶书也成了官方通用书体。这时的隶书，已彻底脱离篆书的约束，笔画由象形变为符号，汉字的基本笔画已经形成。

分隶美感足

隶书成熟后,书法家们开始考虑如何把隶书写得更美。这便诞生了分隶,俗称八分书。何为八分书?取李斯小篆二分,取程邈隶书八分,融合而成。据说东汉末年书法家**蔡邕**(yōng)是这种书法的主要贡献者。分隶最大的特点是,笔画蚕头雁尾、一波三折,装饰性强。蔡邕所写的《熹平石经》刻满了46块石碑,是朝廷颁发的"字帖",当时读书人纷纷效仿,在书法史上被奉为经典。

蚕头雁尾

起笔时,入笔藏锋逆转,写成一种近似蚕头的形状,腰部稍细;收笔时,顿笔下按,向右上方翘起,如同雁尾。

蔡邕《熹平石经》刻成时的热闹场景

清隶个性强

魏晋时,楷书兴起,隶书逐渐没落。直至清代文人模仿汉代碑文风气形成,隶书又开始兴起。清代书法家把书法艺术的升级,寄希望于在隶书中寻找源动力,出现了很多敢于创新、个性强烈的隶书大师,比如伊秉绶、王时敏、金农、赵之谦等。**金农**的"漆书"方圆相济,**伊秉绶**的隶书笔法质朴,都具有很高的艺术价值。

扬州金农

草书的另类艺术

汉代时,隶书已经成型,书写者在继续追求写得快的过程中,又创造了草书——笔势更连贯。草书不受字形约束,笔画连绵,很有节奏感,这便给了书写者更多施展才情的空间,因此被誉为书法艺术的王冠。草书的发展大致分为章草、今草和狂草三个阶段。

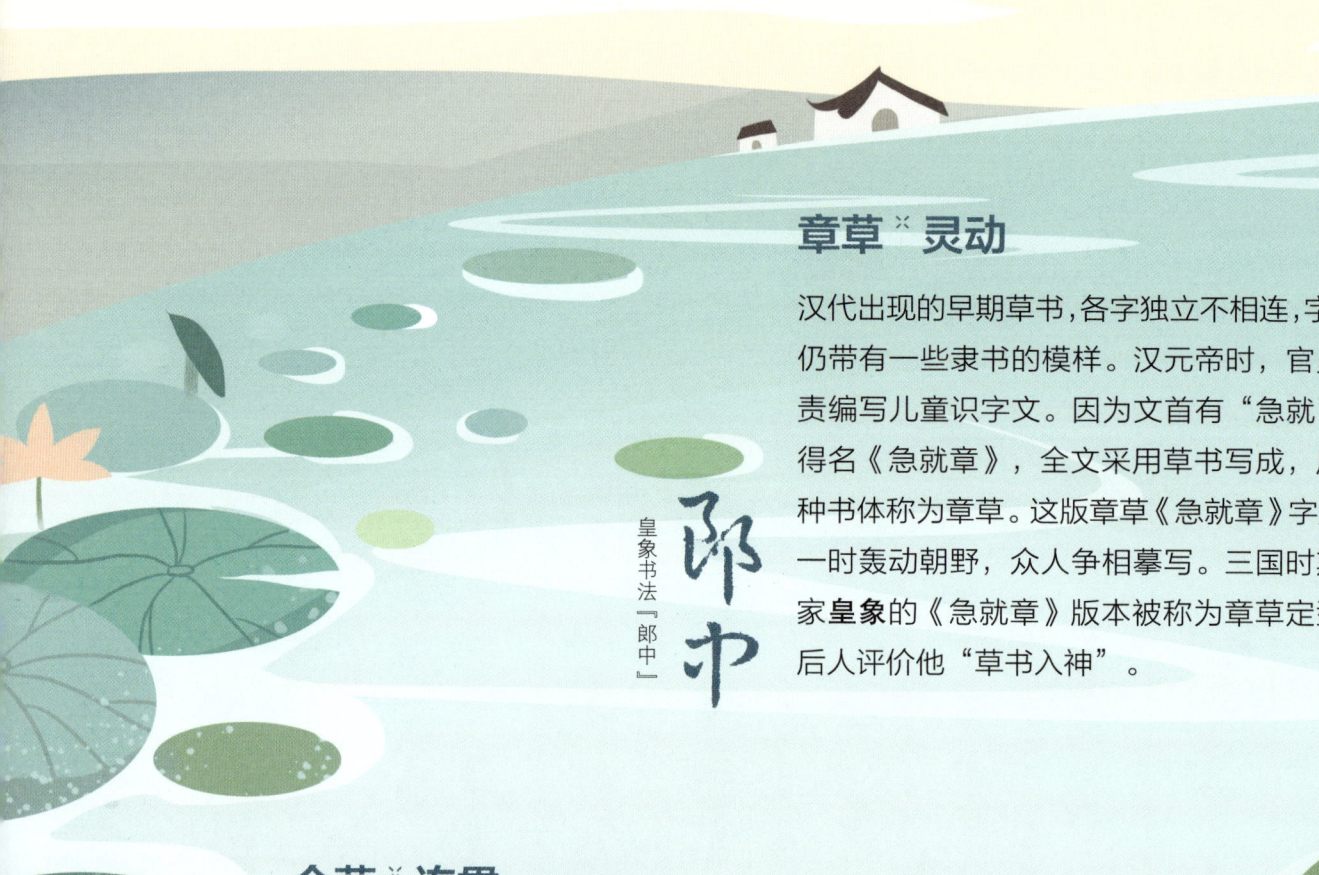

章草 ※ 灵动

汉代出现的早期草书,各字独立不相连,字形扁方,仍带有一些隶书的模样。汉元帝时,官员**史游**负责编写儿童识字文。因为文首有"急就"两字而得名《急就章》,全文采用草书写成,后人把这种书体称为章草。这版章草《急就章》字形优美,一时轰动朝野,众人争相摹写。三国时期,书法家**皇象**的《急就章》版本被称为章草定型之作,后人评价他"草书入神"。

皇象书法「郎中」

今草 ※ 连贯

东汉末年,官宦子弟**张芝**不想做官,潜心研习书法,天天在家写草书,留下了临池洗墨的美谈。他对当时已经成型的章草进行了再改进:摒弃"雁尾",进一步简省笔画;加强连笔,打破了章草字不相连的规矩。当时的人们把这种新草书称为今草,又称小草。到了晋代,今草颇受欢迎,文人之间来往信件几乎都用今草,**王羲之**、**王献之**父子写出了更加清秀妍美的今草。

张芝书法「冠军」

狂草 ※ 狂放

唐代，又一位张家官宦子弟**张旭**横空出世。张旭凭借深厚的楷书功底和癫狂的艺术特质，对今草进行了再创造：字与字之间连绵不断，笔势千变万化，酣畅淋漓，虽字极难辨认，但很有艺术美感。就连"画圣"吴道子和颜真卿都曾多次向他请教书法。他写的这种字体便是狂草，又称大草。《古诗四帖》是他的代表作。

张旭之后以狂草著称的是**怀素**和尚。因买不起纸张，他曾在芭蕉叶上练字，代表作《自叙帖》被后世誉为狂草经典。

张旭书法『其书非』

明草 ※ 多样

明代是个草书全盛的时代。**祝允明**的草书打破了分行，追求狂放。其后的徐渭则更加狂怪，满纸如画。**董其昌**的行草，追求古法，讲究疏朗，线条极美。**王铎**是明代草书真正的王者，他的草书，结体变化莫测，点画错综复杂，线条枯实互应，形成非常强烈的视觉对比，艺术价值极高。

怀素写《自叙帖》

楷书成了真书

东汉末年,隶书已经成熟,书法家继续追求简化。隶书的笔画本来就少,所以发展的方向便转为修饰笔画的美感,但是蚕头雁尾的笔画写起来比较繁琐。如果让笔画的种类更丰富呢?

钟繇等人在钻研楷书

钟繇是楷书之祖

三国书法家**钟繇**师从蔡文姬等人学习书法,篆书、隶书、草书写得都很好。最可贵的是,钟繇善于钻研,他归纳出笔画丰富、字形方正的楷体,"楷"有楷模之意。楷书中,光点画就不下十种写法,折画也很多样。钟繇写给魏文帝的《宣示表》备受历代名家推崇。后人称他为"楷书之祖"。

钟繇的楷书中还有不少隶书的痕迹。到了东晋,王羲之和王献之继续发扬楷书,楷书笔画更加方正,点画更加规范,而且笔势上追求笔画倾斜,这样字形就有了丰富的变化,尽显书法的艺术美感。王羲之的《乐毅论》,王献之的《洛神赋》等都是楷书翘楚。

唐楷的书法高峰

初唐时期，**欧阳询**、**褚遂良**、**虞世南**等人，结合晋楷和魏碑的精华，创造了唐楷新体式。到中晚唐时，以**颜真卿**、**柳公权**为代表的书法家将楷书的艺术水平推向了高峰。

唐代以后，元代的**赵孟頫**、明代的**文征明**都是楷书大师。清代书法家总结的《间架结构摘要九十二法》被后世广泛学习参考。

魏碑是另类楷书

北朝时期，盛行人死后树碑立传，带动了书法的繁荣，尤以北魏的碑刻留存最多，所以其书法被称为魏碑。魏碑虽属于楷书，但由于晋朝皇室南渡，北方地区受晋楷影响较小，反而受汉隶影响较大，因此魏碑字体风格雄健，不拘一格。《龙门二十品》《张猛龙碑》都是著名的碑刻。

魏碑

××请用正楷填写

在试卷上我们经常会看到"请用正楷填写姓名"，正楷指的就是形体方正的楷书。楷书要求工整规范，不能潦草、粘连，但笔画与笔画之间又要有内在的呼应关系，起收有序、流畅自然。这也使楷书成了通行汉字手写规范的正体字。现在的语文考试也很重视字体工整，卷面整洁，这样会给人赏心悦目的好感。

楷书四大家

在楷书发展过程中，诞生了四位大师级的书法家，分别是唐代的欧阳询、颜真卿、柳公权和元代的赵孟頫。他们的楷书各有所长，分别被冠以欧体、颜体、柳体和赵体的美誉。后人学写楷书，一般从临摹他们的碑帖开始。

初唐 ※ 欧阳询 ※ 似梅有型

欧阳询是出了名的热爱书法。据说他有次骑马赶路，遇到一块晋代古碑，于是停马观碑，过了很久才离开，刚走几步他又返回来再次欣赏，看得疲乏了又坐下来继续看，就这样看了三天三夜。欧阳询各种书体都写的好，他喜欢揣摩书法，创造了结构工整、笔画险劲的欧体楷书。欧阳询认为，笔法比结构更重要，他的笔画"八诀"广为传诵。楷书《九成宫醴泉铭》是他的代表作之一。

梅枝劲挺、紧凑，造型多变，这正契合了欧体的特征

中唐 ※ 颜真卿 ※ 似菊丰满

颜真卿官做得很大，是忠臣烈士，字写得很好，能开宗立派。颜真卿书法初学褚遂良，后学张旭。他在长期的书写实践中，打破了初唐以来的楷书风貌，慢慢形成了自己的风格：欧体笔势侧，颜体笔势正；欧体字形瘦，颜体字形肥；欧体难以学懂，颜体容易入门。颜真卿的楷书代表作有《多宝塔碑》等。

菊花丰满、舒展、端庄，这正契合了颜体的特征

晚唐 ※ 柳公权 ※ 似竹挺直

柳公权自幼开始学习书法，后来在翰林院当值，字越写越多，越写越好。就连皇帝偶尔也请柳公权题字，这样一来，名门贵族纷纷请他写墓志铭或者碑文。柳公权总结了许多楷书前辈的书法，创造性地开创了与颜体差别很大的柳体——字形瘦硬，笔力刚健，结构严谨，后世有"颜筋柳骨"的美誉。他的楷书代表作有《玄秘塔碑》《神策军碑》等。

竹子修长、疏朗、刚健，这正契合了柳体的特征

※※柳公权笔谏

有一次唐穆宗问柳公权："写字的时候，怎样用笔才是正确的方法？"柳公权回奏："内心正直，落笔才会横竖分明，笔画有力。"柳公权用写字持笔的方法告诉唐穆宗要行为端正，用心做事。

兰花飘逸、叶柔、香幽，这正契合了赵体的特征

元代 ※ 赵孟頫 ※ 似兰香幽

赵孟頫博学多才，诗书画样样精通，也都取得了极高的成就，可谓全能艺术家。他的楷书削繁就简，柔中带刚，笔画流畅，适度连笔，字形秀美，与唐代三位楷书名家的刚健风格刚好形成鲜明的对比。赵孟頫尤其喜爱王羲之，深得王氏书法神韵，被公认为"二王"书法的正宗传人，其楷书代表作有《胆巴碑》《三门记》等。

行书美感十足

行书是笔画连贯性介于楷书与草书之间的一种字体。笔势如行云流水般的行书，一出现便广为流行，因此得名行书。行书大约出现于东汉末年，历经魏晋的黄金期、唐代的发展期后，在宋代达到了新的高峰。行书兼具实用性和艺术性，因此是日常书写首选的字体。

晋代 ※ 王羲之登峰造极

行书在汉末并不流行，直到东晋出了个**王羲之**，行书才大为流行。自幼学习书法的王羲之博采众家之长，楷书、草书、行书均达上乘，但成就最大的还是行书。他的行书字形优雅、笔势飘逸、刚柔并济，《兰亭序》被誉为"天下第一行书"，《快雪时晴帖》居乾隆帝收藏的"三希"法帖之首。后世书法家都极为推崇王羲之，尊他为"书圣"，其子**王献之**、其侄**王珣**，都很好地继承了王羲之的艺术风范，行书富于变化，更为放纵自如。

王羲之写《快雪时晴帖》

※ 吴中四才子

明代时生活在苏州的四位才华横溢的文人，唐寅、祝允明、文征明、徐祯卿。他们都精通书画诗文，各种书体无所不精。唐寅行书学赵孟頫，秀润中见遒劲。文征明行书学黄庭坚，温润秀劲，小楷成就也极高。

唐代 颜真卿自成一家

如果说王羲之是中国书法史上的第一号人物,那么第二号便是**颜真卿**。颜真卿不仅在楷书方面取得了划时代的成就,在行书方面也被后世书法家极度推崇,特别是他的至情之作《祭侄文稿》,沉痛愤恨之情尽显于字,被誉为"天下第二行书"。颜真卿突破了王羲之父子行书的束缚,自成一家,用笔喜欢轻提重按,字形有棱有角,他用"屋漏痕"般的凝重自然,来比喻笔法的力量和形态。

宋代 苏黄米蔡"宋四家"

宋代文化璀璨,涌现了一大批书画诗词名家。苏轼、黄庭坚、米芾、蔡襄被后世认为是最能代表宋代书法成就的"宋四家"。宋四家视颜真卿为偶像,特别是**苏轼**、**黄庭坚**,他们经常交流研习颜体的心得,学以致用;**蔡襄**在艺术实践上对颜真卿书法作了创造性转换;一贯挑剔的**米芾**则对颜真卿的行书颇为青睐。

宋代文人讲究"意"的表达,忌"俗"成为宋代书法的审美新追求。特别是苏轼,他喜欢"侧卧笔",跟现代人手握钢笔写字很相似,笔锋不是垂直于纸张,笔肚在纸张上出墨较多,因此能写出笔画肥硕、气韵很足的字体。他的《寒食帖》被誉为"天下第三行书"。

苏轼写《寒食帖》

永和九年，歲在癸丑，暮春之初，會于會稽山陰之蘭亭，脩禊事

专题：王羲之和《兰亭序》

据史载，王羲之的书法作品有 400 余件，但没有一件留传。今天我们看到的他的作品都是后人的摹本。

名师出高徒

王羲之出身于琅琊王氏，是魏晋豪门，自幼便接受了良好的书法教育。他有两个老师：姨母卫夫人，她的字工整秀丽；叔父王廙（yì），书法风格古淡质朴。在两位老师的影响下，王羲之的书法兼具秀丽和古淡。

×× 曲水流觞

古人饮酒时助兴的游戏。大家在弯曲的小溪两旁依次坐定，侍者将盛满酒的酒杯不断放入溪中，酒杯漂到谁面前打转转，谁就被罚酒一杯。文人玩时，可以作诗免罚酒。

笔山和墨池

长大后，王羲之游遍名山大川，到处寻找古人留下的碑文篆刻去临摹，实地探访李斯、钟繇、蔡邕等名家留下的碑刻，把每个字的特点都记在心里。王羲之夜以继日地刻苦练字，据说他练字用坏的毛笔，堆在一起成了一座"笔山"。他常洗毛笔和砚台的水池，由清澈变成了黑色，成了一潭"墨池"。

兰亭聚会"曲水流觞"游戏场景

兰亭成佳作

东晋永和九年（353年）上巳节，王羲之邀请众多名士到兰亭聚会，玩起了"曲水流觞"游戏，26人现场做出了诗，被汇总为《兰亭集》，德高望重的王羲之用行书作序，这便是后来闻名天下的《兰亭序》，全文共324字，雅逸有致，天下无双。

※※《兰亭序》版本

真迹已不复存在，据说被王羲之的"头号粉丝"唐太宗带到墓里了。各种临本、摹本众多。其中唐代冯承素摹本被公认为最接近真迹，现收藏于北京故宫博物院。元代大书画家赵孟頫也是王羲之的坚定追随者，他一生临帖《兰亭序》数百遍而不厌，还写出了名垂青史的《兰亭序十三跋》。

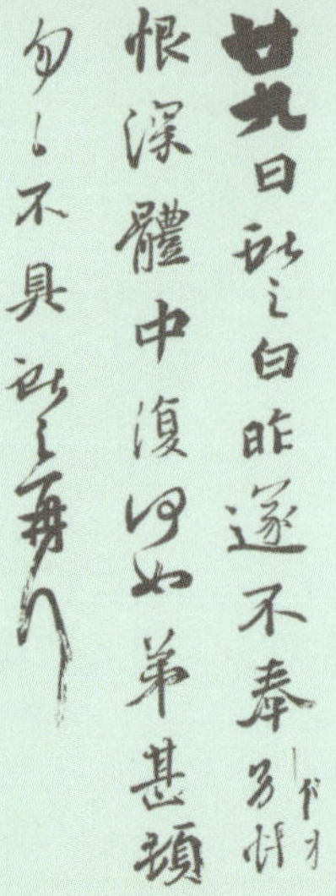

碑学和帖学

回望中国书法史，临摹一直是书法家成长的必走之路。所选字体、所选流派、所选老师，决定了书法学习的方向，因而产生了帖学（南派）和碑学（北派）两大流派。帖学主张临摹名帖，碑学主张临摹名碑。临帖多用指和腕，书法有飘逸潇洒之美。临碑多用肘和臂，书法有质朴豪放之美。

王献之《廿九日帖》字迹

帖学 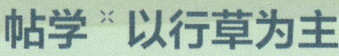 以行草为主

魏晋时期，书法大多写在纸上，比如**王羲之**的请帖《快雪时晴帖》，**王珣**的书信《伯远帖》。这些"帖"后来被历代书法家临摹，称之"临帖"。唐代流传下来的名帖也很多，比如**怀素**的文章《自叙帖》。宋代印刷术普及后，印帖之风盛兴，帖学兴盛，甚至有皇家印的《淳化阁帖》。清朝乾隆皇帝则将搜集到的古迹刻成规模空前的《三希堂法帖》。

祝允明临王献之《廿九日帖》

40

碑学※以楷书为主

东汉和北魏的很多书法作品以石碑的形式保存下来，比如《熹平石经》（蔡邕）、龙门二十品（洛阳龙门石窟造像中二十件碑刻书法精品）、石门十三品。这些石碑及其拓片后来被历代书法家临摹，称之临碑。唐代碑刻也非常繁荣，比如**颜真卿**的《多宝塔碑》。清代考古学兴起后，书画界流行复古，尊碑成风，对于书法的发展影响深远。

康有为在临碑

中国古代雕塑年表

不同于西方古希腊雕塑的写实，中国雕塑写意传神的特点，所表达的意境，给观者营造了一连串遐想的空间，展示了一个更广阔的艺术世界。以敦煌石窟为代表的宗教雕塑，以秦始皇陵兵马俑为代表的陵墓雕塑，以故宫九龙壁为代表的建筑雕塑，等等，共同构成了丰富多彩的中国古代雕塑。

时期： 先秦 | 秦汉 | 魏晋 | 南北朝 | 隋 | 唐

上方条目：
- 石窟寺
- 克孜尔千佛洞（魏至唐）
- 炳灵寺石窟（晋至明）
- 麦积山石窟（晋至明）
- 敦煌莫高窟（晋至元）
- 云冈石窟（北朝）
- 龙门石窟（北朝至清）
- 皇泽寺摩崖造像（北朝至唐）
- 大足石刻（唐至宋）
- 乐山大佛（唐）

下方条目：
- 寺庙雕塑　陵墓雕塑　建筑雕塑
- 秦始皇陵兵马俑
- 狮子山汉兵马俑
- 霍去病墓石刻
- 击鼓说唱陶俑
- **戴逵创造脱胎法塑造佛像**
- 北魏泥塑佛面像
- 丹阳南朝陵墓石刻
- 南京南朝陵墓石刻
- 五台山南禅寺和佛光寺彩塑
- 杨惠之塑保圣寺罗汉塑像
- 唐太宗昭陵六骏石雕

※※雕塑的分类

圆雕，在立体物上雕出形象，不附在任何背景上。
浮雕，在平面上雕出凸起形象。
透雕，在浮雕基础上镂空其背景部分的形象。

五代
- 平遥镇国寺彩塑
- 沧州铁狮
- 南唐二陵陶俑
- 王建墓雕刻

宋
- 太原晋祠圣母殿彩塑
- 蓟县独乐寺观音像
- 大同下华严寺彩塑
- 义县奉国寺彩塑
- 峨眉山万年寺普贤铜像
- 老君岩造像

元
- 居庸关云台雕刻

明
- 北京明十三陵石刻群
- 平遥双林寺彩塑
- 故宫三大殿石雕
- 天安门华表
- 大同九龙壁
- 南京明孝陵石刻
- 明中都皇陵石刻

清

千年莫高窟

在悠久的历史中，我们的祖先创造了许多精美的雕塑艺术作品。其中，石窟——就着山崖开凿洞窟并雕有佛像，构成了中国雕塑史的"主旋律"。

四大石窟之一的敦煌莫高窟，现存洞窟 735 个，彩塑 3000 余尊（含浮雕），持续开凿千余年，技艺之精为世界所罕见，是中国雕塑的代表。

取材于莫高窟第 45 窟

北魏 ※ 发展期

敦煌处于丝绸之路的要道，繁华造就的望族通过出资在城郊营建石窟，来为家族祈福，这便形成了莫高窟。加上统治者也崇信佛教，莫高窟在北魏前后迎来发展期。这一时期窟形主要是禅窟、中心塔柱窟和殿堂窟。彩塑有圆塑和影塑两种，塑像人物体态健硕，神情端庄宁静，风格朴实厚重，不少佛像保留着古印度风格。

代表洞窟：第 254 窟。中心塔柱把窟内分为前后两室，塔柱四面开龛，东向的大龛内塑交脚弥勒佛，具有明显的西域风格。四壁和顶部绘有割肉喂鹰、舍身饲虎等大量丰富的佛教故事壁画。

※ 敦煌壁画

除了雕塑，敦煌的壁画也取得了极高的艺术成就，题材丰富、场面宏伟、色彩瑰丽。壁画主要以宗教内容为主，特别是线条飘逸、自然灵动的飞天形象充满生命韵动，极有艺术美感。

隋唐 ※ 鼎盛期

隋唐时，随着丝绸之路的再度繁荣，莫高窟进入全盛时期。这一时期窟形主要以殿堂窟、佛坛窟、四壁三龛窟、大像窟等形式居多。塑像多为圆塑，造型浓丽丰满，风格中原化，并出现了前代所没有的高大塑像（比如九层楼内高达35.5米的巨型佛像），群像组合多。

代表洞窟：第45窟。主室平面呈方形，为覆斗形殿堂窟。正壁敞口龛内现存佛像七尊，有静有动、文武并俱，是雕塑杰作。窟内有许多大型佛教故事壁画，其中观音菩萨变成三十三种不同人物说经的画面极为精彩。

※ 彩塑的四种样式

圆塑：完全立体的塑像，可以四面欣赏，主要用于佛像、菩萨像等。
浮塑：在平面上塑出凸起的形象，通常用于洞窟的装饰。
影塑：多为"模制"后贴到墙上，再涂上色彩，主要用于千佛、飞天等。
善业塑：模子压制的泥制陶质浮雕佛像，最小的只有几厘米长宽。

五代宋元 ※ 衰落期

五代宋元之后，莫高窟开始走向衰落。这一时期多为改建、重绘的前代窟室，形制主要是佛坛窟和殿堂窟。塑像和壁画都沿袭了晚唐的风格，创造力衰退。元代新凿洞窟很少，出现了方形窟中设圆形佛坛的形制，雕塑基本上都和当时盛行的佛教密宗有关。

代表洞窟：第98窟。甬道往里的主室为覆斗形殿堂窟，最内侧有背屏式中心佛坛，现存塑像四身。该窟是后唐曹氏家族为于阗（tián）国国王及曹皇后修建的，窟的壁画记录了民族友好交往的景象。

中国古代音乐和舞蹈年表

音乐是舞蹈的灵魂,舞蹈是音乐的回声,中国古典乐舞富有韵律感和造型感,独具东方艺术魅力。萌芽于祭祀和自娱的乐舞,有着悠久的历史,周朝创立礼乐制度,从此华夏乐舞繁荣几千年,不断改进乐器,不断吸收外来乐器,不断完善合奏形式,古人创造了灿烂的中国乐舞文化。

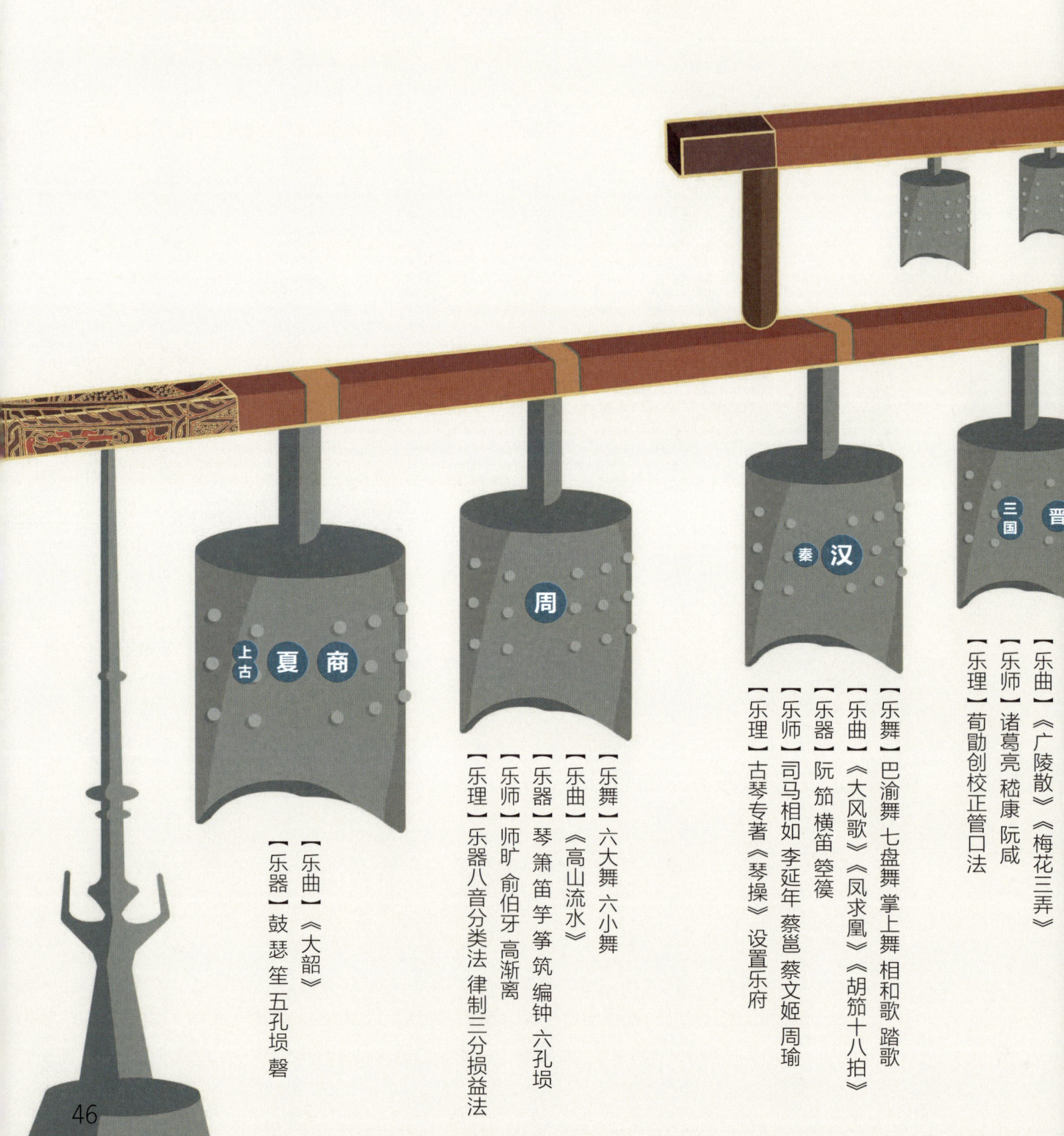

[上古]

[夏 商]
- [乐曲]《大韶》
- [乐器] 鼓 瑟 笙 五孔埙 磬

[周]
- [乐舞] 六大舞 六小舞
- [乐曲]《高山流水》
- [乐器] 琴 箫 笛 笙 筑 编钟 六孔埙
- [乐师] 师旷 俞伯牙 高渐离
- [乐理] 乐器八音分类法 律制三分损益法

[秦 汉]
- [乐舞] 巴渝舞 七盘舞 掌上舞 相和歌 踏歌
- [乐曲]《大风歌》《凤求凰》《胡笳十八拍》
- [乐器] 阮 笳 横笛 箜篌
- [乐师] 司马相如 李延年 蔡邕 蔡文姬 周瑜
- [乐理] 古琴专著《琴操》 设置乐府

[三国 晋]
- [乐曲]《广陵散》《梅花三弄》
- [乐师] 诸葛亮 嵇康 阮咸
- [乐理] 荀勖创校正管口法

※※中国古典十大名曲

《高山流水》（古琴曲）　《广陵散》（古琴曲）
《平沙落雁》（古琴曲）　《梅花三弄》（古琴曲）
《十面埋伏》（琵琶曲）　《夕阳箫鼓》（琵琶曲）
《渔樵问答》（古琴曲）　《胡笳十八拍》（古琴曲）
《汉宫秋月》（琵琶曲）　《阳春白雪》（琵琶曲）

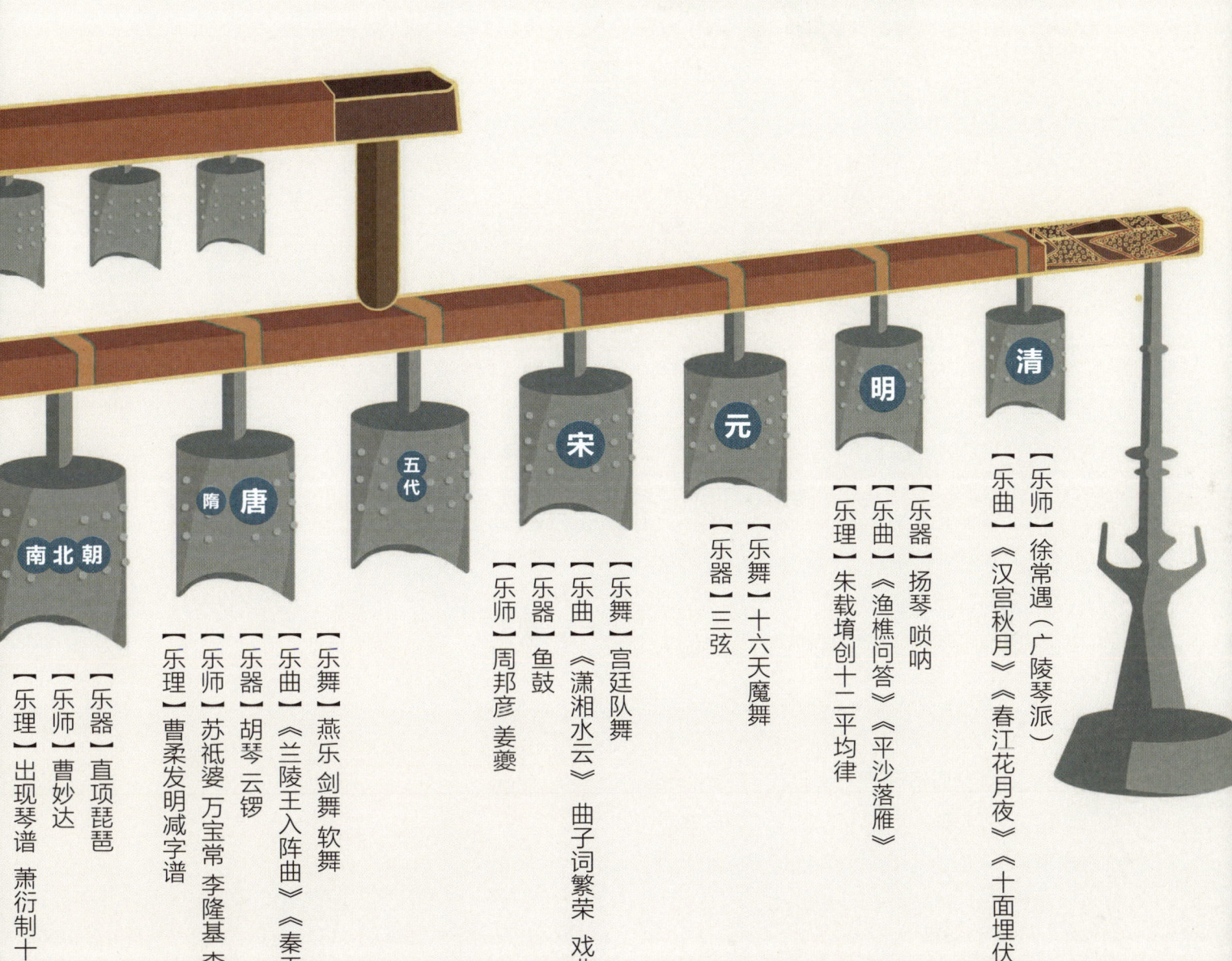

八音和鸣

古人借鉴大自然之音，不断研究音乐，利用大自然之材，创造了许多乐器，开启了中国最动听的音乐史。

先民※ 敲敲打打

在原始社会的农业生产和狩猎活动中，先民为了吓唬动物、加油鼓劲、庆祝丰收，学会了用一类传音效果很好的石头做成石磬（qìng），用长长的鸟骨制成一种类似竹哨的骨笛，还借鉴了弓弦的原理发明了可以拨弦的瑟。

陶器繁荣之后，人们制作了陶制的埙、鼓、铃。最早的埙是空心鹅蛋形状，上面有三个指孔和一个吹孔，可以吹出多种声音。把陶鼓用兽皮蒙上，打击的声音可以传得很远。陶铃的腹内是空的，里面装些小陶粒，摇晃起来响声清脆。

周朝※ 创造八音

随着青铜铸造、制丝技术的成熟，到了周朝，乐器种类已经非常繁多了。周朝制定的礼乐制度，将音乐的繁荣推进了一大步，制作乐器的材料可以归纳为八类，合称八音。八音的出现标志着中国乐器逐渐走向成熟。

八音中，鼓是群音的首领，琴瑟开弹之前，需要鼓声引导。古琴是重要的独奏乐器，"高山流水遇知音"的故事至今传为美谈。编钟组是一种青铜制作的大型打击乐器，可以演奏出美妙的乐曲。曾侯乙编钟多达 65 个铜钟，总重达 4421 千克。

汉唐 乐器大繁荣

汉唐时期，随着中外交流的频繁，大量外国乐器传入我国，弹奏类乐器得到空前的发展，横笛、胡琴、直项琵琶都在此时出现，拉弦类乐器也开始在民间出现。我国古代乐器发展到了高峰。

琵琶以其独特的音调魅力和异域文化风情，成为唐代最为流行的乐器，上至宫廷乐队，下到民间演唱都少不了琵琶，唐代大诗人白居易一曲《琵琶行》流传千古。

鼓

唐玄宗**李隆基**领奏《霓裳羽衣曲》

宋明 乐器多元化

宋元时期，城市经济不断发展，人们的精神需求越来越高，音乐从宫廷走向了市井。宋词元曲文化兴盛，民间出现很多娱乐场所，乐器的演奏形式更加多样。特别是弓弦乐器的传入和普遍使用，促进了戏曲、说唱音乐的发展，二胡、三弦、唢呐、云锣等都深受欢迎。明清时期，乐器在音量、音域、音色上都有所改良，演奏也从传统的独奏模式变为多种乐器合奏的形式。

八音和代表乐器

金 / 金属 / 钟、锣
石 / 石头 / 磬
土 / 陶土 / 缶、埙
木 / 木头 / 柷、敔
竹 / 竹子 / 箫、笛
丝 / 以蚕丝为弦 / 琴、瑟
匏 / 用葫芦制成 / 笙、竽
革 / 皮革 / 鼓

箜篌

古琴

百戏争妍

中国戏曲是世界三大古老的戏剧文化之一。戏曲是一种融合了多种艺术形式的综合舞台艺术,包括文学、音乐、舞蹈、说唱、武术、杂技等。从先秦①的傩(nuó)戏,到古老的昆曲,再到现在以京剧为代表的三百多个剧种,戏曲是传统文化的重要传承者。

① 指秦统一以前的历史时期。

先秦 ※ 戏曲起源

戏曲诞生于上古时代,起初只是一种表达人们敬畏神灵的仪式,在祭祀时加入的歌舞礼乐表演。比如傩戏,舞者戴着面具扮演傩神,用夸张的动作来表达驱除瘟疫的愿望。《诗经》中的"颂"就是祭祀时的唱词。

汉唐 ※ 戏曲萌芽

秦汉时期,人们崇尚武力,类似于摔跤的角抵运动十分盛行,后来角抵戏融合了杂技、歌舞等表演形式,称之为百戏,深受老百姓的欢迎,百戏也成了戏曲萌芽的摇篮。

汉末,皮影戏和木偶戏兴起,它们都是由真人在幕后操控假人来演出的傀儡戏。傀儡戏以表演人物故事为主,上至宫廷下到老百姓都很喜欢,因此也被叫作"戏曲之源"。

唐代时,四川戏曲演员把贪官刘辟的故事搬上了舞台,大大推动了戏曲的形成,出现了"蜀戏冠天下"的局面。

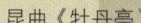

昆曲《牡丹亭》

宋元 ※ 戏曲成熟

北宋时,城市的繁荣和夜市的盛行,吸引着职业艺人纷纷登上舞台,综合了多种艺术形式的宋杂剧流行起来,早期的演出没有成文的剧本,只有四五个角色,用大曲来演唱故事,或者演一段滑稽戏。

北宋灭亡后,在北方,金代和元代继续发展杂剧。元杂剧剧本盛行后,大大拓展了演员们的表演内容,诞生了很多演出团体。元杂剧发展成为一种成熟的戏曲,在市井广受欢迎。

曲艺小史

曲艺是中国各种说唱艺术的统称，其题材从不同侧面反映了千百年来中国百姓生活的酸甜苦辣，因而广受欢迎。

早在古代，民间的说故事、讲笑话，宫廷中俳优的弹唱歌舞、滑稽表演，都是早期的曲艺活动。到了唐代，说话伎艺（比如讲传奇故事的）、歌唱伎艺兴盛起来，曲艺正式形成。宋代时，说唱表演有了专门的场所，也有了职业艺人，表演形式也更加丰富。

明清时期，曲艺和方言等地域文化融合，新的曲艺品种，新的曲目不断涌现。比如，偏重唱的有鼓书、琴书、弹词、丝弦、道情等，偏重说的有评书、评话、相声、快板、双簧、数来宝等。

京韵大鼓

明清 戏曲的繁荣

北宋灭亡后，在南方，宋杂剧在温州演变为南戏，成为我国最早的戏剧。南戏最初只是歌舞小戏，后来逐步增加分场、完善腔调，丰富表演。

明代时，多种声腔的竞争，刺激了剧本的繁荣，诞生了汤显祖等许多剧作家。南戏也逐步演变为传奇——节目体量很大，演员角色细化。脱胎于南戏的昆曲就在这个时候形成。

到了清代，皇室痴迷看戏，城市里各类戏园、茶馆、酒楼成为职业戏班活动的主要场所。广大乡村地区也常见戏班搭台唱戏，戏曲和各地曲艺融合所形成的几百种戏曲，成为许多老百姓重要的娱乐生活内容。

◀ **主要戏曲种类**

剧种	发源地	代表剧目
京剧	北京，流行于全国	《贵妃醉酒》《霸王别姬》
越剧	浙江绍兴，流行于江南	《梁山伯与祝英台》《红楼梦》
昆曲	江苏昆山，流行于南方	《牡丹亭》《鸣凤记》
黄梅戏	湖北黄梅，壮大于安徽	《天仙配》《打猪草》
评剧	河北唐山，流行于北方	《花为媒》《杨三姐告状》
川剧	四川中部，流行于西南	《白蛇传》《旧正楼》
秦腔	陕西宝鸡，流行于西北	《三回头》《八义图》
豫剧	河南开封，流行于华北	《花木兰》《穆桂英挂帅》
粤剧	广东佛山，流行于岭南	《紫钗记》《帝女花》

专题 京剧

清代乾隆皇帝八十大寿之际，人气很旺的四大徽班进京，他们和汉调艺人合作，并融合昆曲、秦腔等许多戏曲的优点，在北京掀起了看戏热潮，逐步形成京剧。经过许多艺人的不断探索，京剧成为了当之无愧的"国粹"，传承至今。

生
男性正面角色，
分老生、武生、小生

诞生 ※ 老生三杰

清朝道光年间，人气极旺的徽班在北京不断吸收秦腔、汉剧等演员，确立了以"西皮"和"二黄"为主腔调的唱腔风格，完成了语音"北京化"，完善了一大批剧目，诞生了**程长庚**等"老生三杰"。一个新的剧种——京剧诞生了。

成熟 ※ 同光十三绝

京剧的传承与发展少不了大师的推动。在名画《同光十三绝》中，我们可以看到京剧繁盛初期诸多艺术家的扮相、服饰、角色特征。画上人物是清同治、光绪年间京剧舞台上享有盛名的十三位演员，包括**程长庚**（老生）、**谭鑫培**（武生）、**梅巧玲**（旦角）、**刘赶三**（丑角）等。他们都是早期京剧的奠基人，为京剧培养了一大批优秀的继承者。

丑
鼻梁上抹一小块白粉，扮演喜剧角色

旦
女性正面角色，分青衣、花旦、刀马旦等

净
面部化彩妆，男性角色，俗称花脸

鼎盛※四大名旦

进入 20 世纪后，京剧由成熟走向鼎盛，优秀演员大量涌现，"四大名旦"脱颖而出。他们创造出各具特色的艺术风格——**梅兰芳**的端庄典雅，**尚小云**的俏丽刚健，**程砚秋**的深沉委婉，**荀慧生**的娇昵柔媚，"四大流派"开创了京剧舞台上以旦为主的格局。

特别是梅兰芳的海外京剧演出，促进了中国京剧在海外的传播，京剧这一东方艺术开始在世界戏剧舞台上大放光彩。

※※脸谱颜色和人物性格

红色：忠贞、英勇，如三国名将关羽
黑色：正直、无私，如北宋清官包拯
白色：阴险、疑诈，如东汉权臣曹操
黄色：枭勇、凶猛，如三国名将典韦
蓝色：刚强、骁勇，如清代豪侠窦尔敦
紫色：刚正、沉稳，如战国侠客专诸

附录 中国古代书画作品赏析案例

读完本书,你是不是特别想用刚学到的知识细细品赏一幅书画作品呢?那就让我们选择一幅名画分六步细细赏析吧。这幅作品最好书画兼备,墨法高超,意境高远,名气足够大,内容还得耐看。北宋大画家郭熙的代表作《早春图》很符合这些要求,咱们就选它吧!

第一步 阅读标签

第二步 了解背景

宋代山水画迎来黄金时期,名家辈出。受文人画影响,水墨山水走向繁荣。郭熙年少就喜欢画山水,画风自由,后来取法"惜墨如金"的李成,画艺大进。宋神宗时入召画院,创作丰盛,形成了自己的风格,并成为一代大家,与李成并称"李郭"。

第三步 总览画面

《早春图》中,诗、书、画、印兼备。以中轴构图,全景视角,表现出初春时山川的雄伟气势,渲染出画面宁谧而生机勃勃的氛围。郭熙提出的山水画取景中的"三远"构图法在图中都有体现。

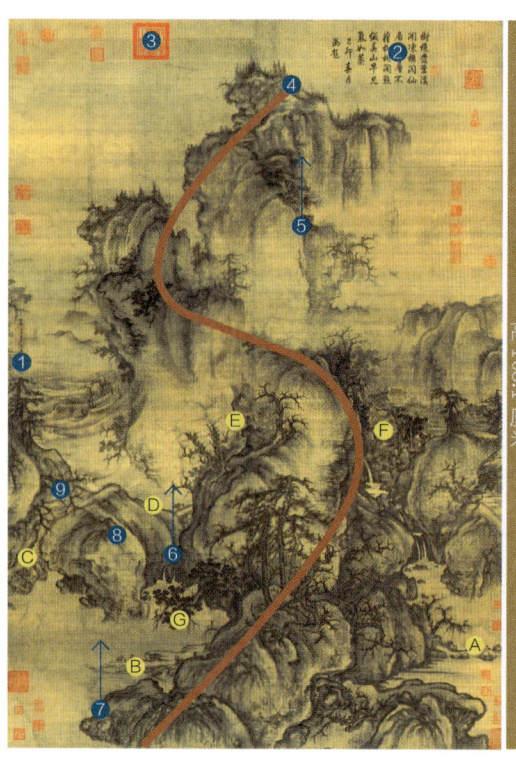

❶ 郭熙落款 / 楷体
"早春,壬子年郭熙画",这是1072年画的。字下盖有署名章。

❷ 乾隆题诗 / 行草
"树绕岩叶溪开冻,楼阁仙居最上层。不藉柳桃闲点缀,春山早见气如蒸。己卯春月御题。"这首诗呼应了"早春"的主题。

❸ 藏家用印 / 篆体
画中盖有"乾隆御览之宝"等28处藏家朱色印章。

❹ 中轴曲线构图

❺ "三远"构图之高远法
从山下仰望的视角。

❻ "三远"构图之深远法
从山前看后山的视角。

❼ "三远"构图之平远法
从前山看远山的视角。

第四步 细节赏析

画面中有13个人物(A-E),还有很多房子(F),还有新长的绿叶(G),你都找到了吗?

A 两个渔夫在打鱼   D 两个挑夫

B 一家四口带狗去访友

C 栈道上的行人和樵夫

第五步 色彩赏析

国画用色可分为白描、水墨、设色(含淡彩、重彩、泼彩)三种。《早春图》采用水墨法。墨分五色,浓、淡、干、湿、焦,在这幅图里全有体现。画石所用的卷云皴(❽)和画树所用的蟹爪枝(❾)值得细细品赏。

第六步 品味意境

画家并没有刻意展示早春的景象,而是通过山间淡淡的雾气,树上寥寥的新叶,暗喻了寒冷还未完全褪去。另一方面,画家通过解冻的水面,赏景的行人,传递出春的信息。山峦在动,生命仿佛被叫醒,这才是春天最令人向往的感觉。

樹繞貲葉溪
間凍棧閣仙
居家枯槎間
蘚枕桃間礛
緻素山早兒
氣如蒸
己卯春月
御題

参考书目

[1] 李泽厚.美的历程［M］.上海：生活·读书·新知三联书店，2009.

[2] 宗白华.美学散步［M］.上海：上海人民出版社，2015.

[3] 朱光潜.给青年的十二封信［M］.北京：人民教育出版社，2018.

[4] 孙振江.如何读懂一幅画［M］.北京：中国铁道出版社，2021.

[5] 徐复观.中国艺术精神［M］.沈阳：辽宁人民出版社，2019.

[6] （美）高居翰.图说中国绘画史［M］.上海：生活·读书·新知三联书社，2014.

[7] 启功，秦永龙.书法常识［M］.北京：中华书局，2017.

[8] 蒋勋.汉字书法之美［M］.桂林：广西师范大学出版社，2014.

[9] 潘伯鹰.中国书法常识［M］.成都：天地出版社，2019.

[10] 赵力.中国画鉴赏［M］.北京：高等教育出版社，2019.

[11] 苏静.知中·山水［M］.北京：中信出版社，2015.

[12] 赵萌.中国雕塑艺术［M］.北京：人民美术出版社，2013.

[13] 樊锦诗.莫高窟史话［M］.南京：江苏美术出版社，2016.

[14] 高度，王渝璇.中国舞蹈音乐研究［M］.北京：中央民族大学出版社，2014.

[15] 陈义敏，刘俊骧.中国曲艺·杂技·木偶戏·皮影戏［M］.北京：文化艺术出版社，2008.

[16] 倪锺之.中国曲艺史［M］.天津：百花文艺出版社，2020.

理清时间线 文史特简单

③ 科学的进阶

钱 斌 周国宝 著

中国轻工业出版社

突出的科学成果是由科学家创造的
15位科学大师，在本书中都有介绍
以下索引，方便你更快了解你喜爱的科学家

46 张仲景 / 东汉 / 医学
48 华佗 / 东汉 / 医学
12 张衡 / 东汉 / 天文学
25 刘徽 / 魏晋 / 数学
26 裴秀 / 西晋 / 地图学
25 祖冲之 / 南北朝 / 数学
50 孙思邈 / 唐代 / 医学
13 苏颂 / 宋代 / 天文学

39 沈括 / 宋代 / 综合
23 李冶 / 元代 / 数学
13 郭守敬 / 元代 / 综合
51 李时珍 / 明代 / 医学
21 程大位 / 明代 / 数学
27 朱载堉 / 明代 / 音律学
17 徐光启 / 明代 / 综合

目录

- 06 导读 ※ 寻找科学的方向
- 08 **中国古代天文学年表**
- 10 时间的测量
- 12 天象的观测
- 14 二十四节气
- 16 历法的编算

- 18 **中国古代数学年表**
- 20 从算筹到算盘
- 22 探索数和图的关系
- 24 追寻圆周长的秘密
- 26 地图中的数学
- 27 音乐中的数学
- 28 数学大百科《九章算术》
- 29 趣味算题集《孙子算经》

- 30 **中国古代物理学年表**
- 32 从钻木取火到阳燧取火
- 34 从燕王称猪到怀丙捞牛
- 36 被中香炉不会洒
- 37 回音壁三奇音
- 38 从司南到指南针
- 40 从火药到火铳

- 42 **中国传统医学年表**
- 44 中医始祖《黄帝内经》
- 46 医圣张仲景
- 48 外科鼻祖华佗
- 50 药王孙思邈
- 51 药典《本草纲目》
- 52 人痘接种术
- 54 附录 ※ 中国古代自然科学大事统计图
- 56 参考书目

仰望天空,洞察万物,
只为前行的道路不迷失方向。

导读 ※ 寻找科学的方向

今天，科学在人类生活中发挥着重要作用。我们穿的衣、坐的车、看的书，无一不包含着科学的贡献。我国古代并没有"科学"这个词，那么什么是科学？我们如何理解古人对天地的探索呢？

科学从来不含糊

在小朋友的理解中，科学就是科普书或者"科学"课堂上学到的知识。但是，科学更多的是指"科学精神"和"科学方法"。"科学精神"的核心是怀疑精神。刘徽怀疑前人所算圆周率的准确性，计算出"徽律"；祖冲之怀疑前朝历法，编成《大明历》。"科学方法"包括多种手段，无论是李时珍依据经验归纳写成的《本草纲目》，还是人痘接种术对天花的预防，都是可以验证的，而不是如"伪科学"那样无法验证。从这个意义上讲，我国古代的许多成果都可以归结为科学。

古人不负当年月

我们的祖先，在文明初期就一直以对天地敬畏的态度，去探索天地万物运行的法则。他们很讲究实用：观天象是为了定历法指导农业生产，造规绳是为了丈量田地，做司南是为了找准方向，辨草药是为了调养身体。就是这样，他们创造了极其丰富的科学成果。先前曾经有人归纳出"四大发明"，罗列的只是冰山一角。2016 年，中国科学院自然科学史研究所推选出 88 项"中国古代重要科技发明创造"，比较全面地展示了我国古代科学的创造性成就。这些成就对于推动近代自然科学的诞生起到了重要作用。

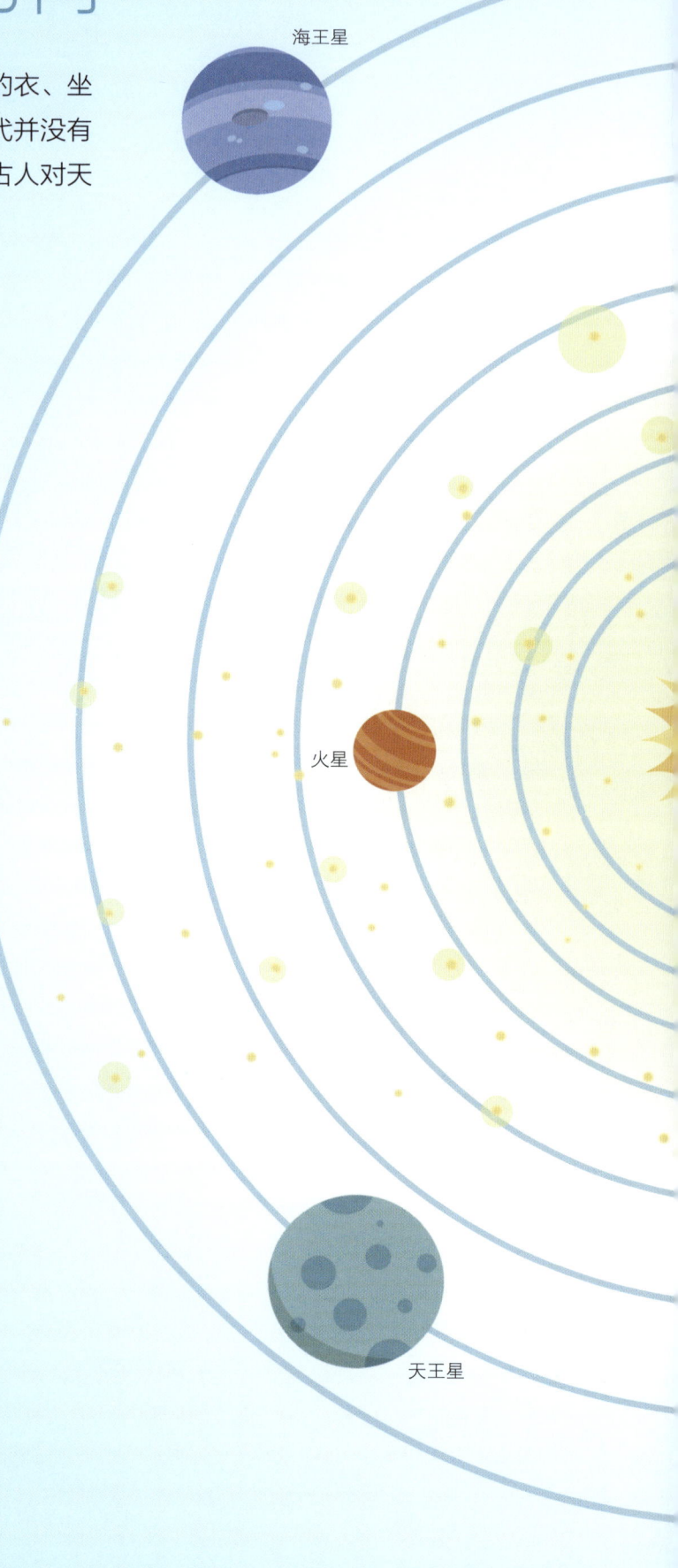

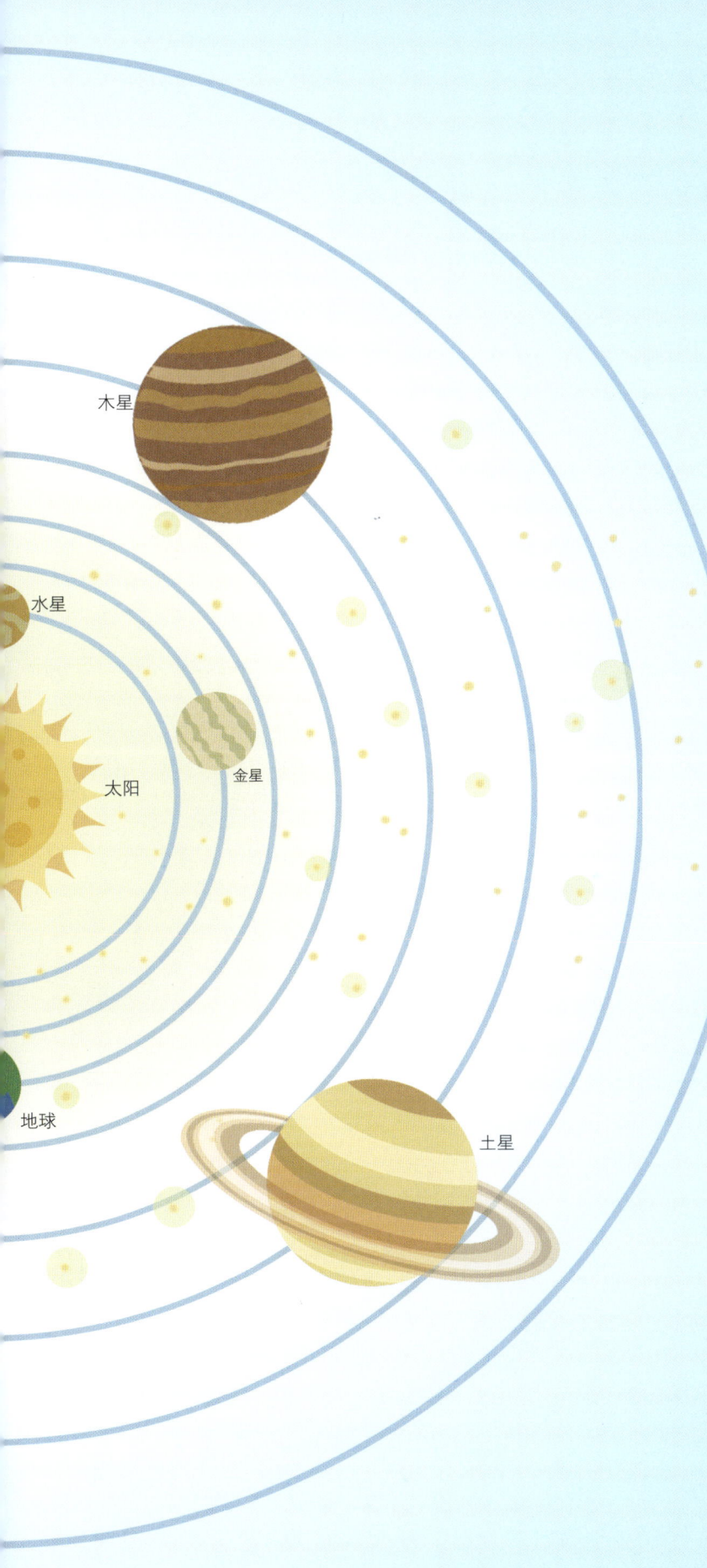

今人不负古月光

近代伊始，更注重研究"物"的西方，比更注重研究"天人合一"的我们，率先发展起近代自然科学，进而对世界产生了深刻影响。但是中国人从不甘于落后，古代科学依然照耀着今人，勉励我们不断探索。今天，我们可以自豪地说，无论是"天眼"、青蒿素，还是纳米、杂交稻，或者在量子力学、人工智能领域，中国科学家都取得了可喜的成就。放眼未来科学，有着"天人合一"基因的中国人，更有敢于"革命"的科学精神，也许，新的光芒并不遥远。

一起共赏古月光

了解祖先的科技成果，才能更好地钻研科学。时至今日，如果仅从"自然科学"本身去理解中国古人的术学、算学、博物学、经脉学说，仍然会有颇多困惑。为便于阅读，本书按现行学科分类，从天文学、数学、物理学、医学四个领域，向读者展示我国古代科学星空的一角。

中国古代天文学年表

中国是世界上天文学最先发展起来的国家。我们的祖先很早就对日月星辰深感兴趣,希望找到天地运行的规律,来保佑和指导农业生产。古人发明了许多仪器观测天象,并做了认真的记录和长期的研究。基于观测天象得出的农历,几千年来一直不断改进、优化,至今仍然是全世界最优秀的历法之一。

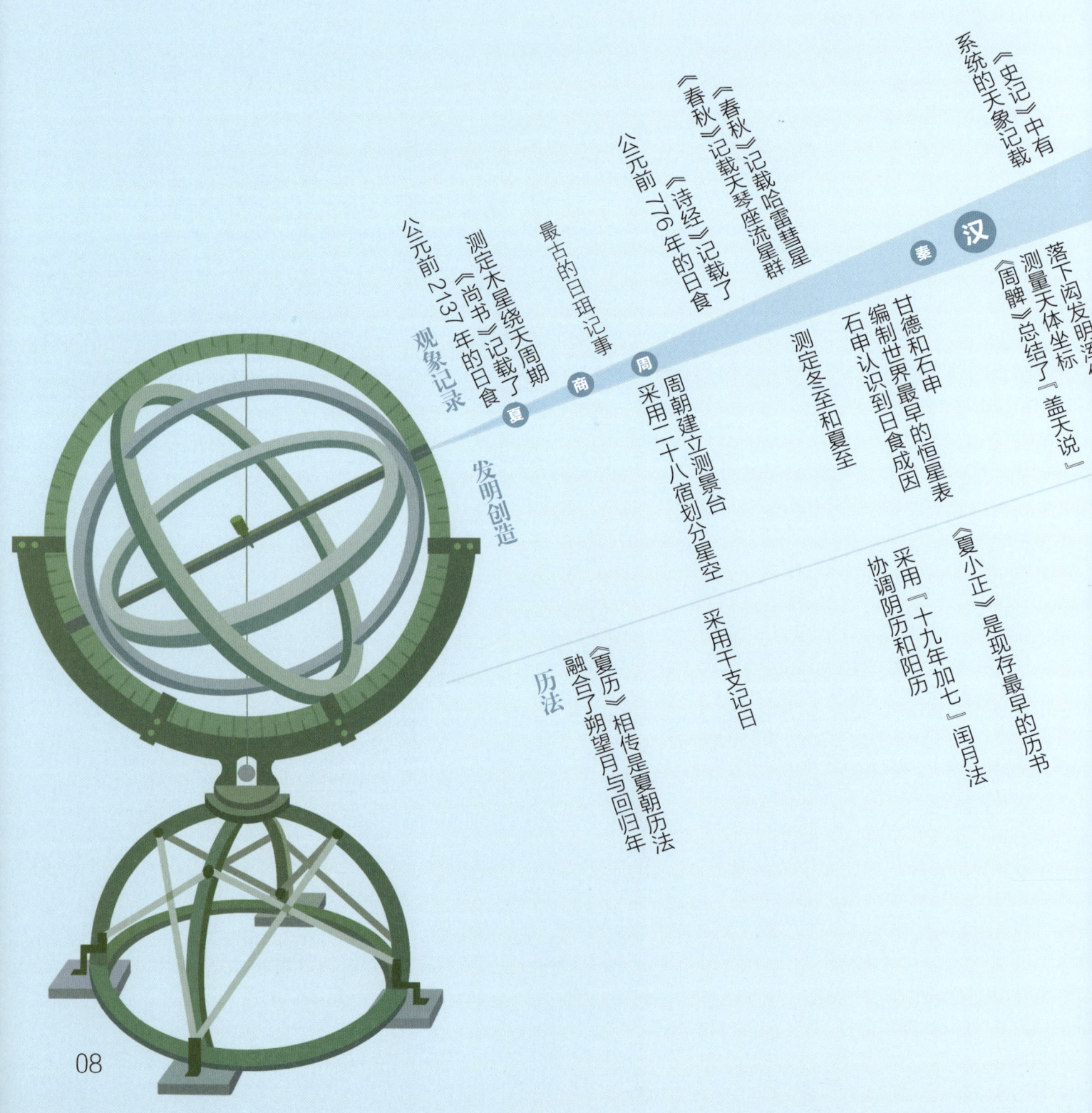

观象记录

- 公元前2137年的日食《尚书》记载了
- 测定木星绕天周期
- 最古的日珥记事
- 公元前776年的日食《诗经》记载了
- 《春秋》记载天琴座流星群
- 《春秋》记载哈雷彗星
- 甘德和石申编制世界最早的恒星表 石申认识到日食成因 测定冬至和夏至
- 落下闳发明浑仪 测量天体坐标 《周髀》总结了「盖天说」
- 《史记》中有系统的天象记载

夏 商 周 秦 汉

发明创造

- 周朝建立测景台 采用二十八宿划分星空 采用干支记日

历法

- 《夏历》相传是夏朝历法 融合了朔望月与回归年
- 《夏小正》是现存最早的历书 采用「十九年加七」闰月法 协调阴历和阳历

※※ 小游戏

选个晴朗的日子，先查阅好当天的日历，猜一猜月亮的圆缺情况、升落时间、北斗七星"斗柄"指向，然后晚上去验证一下自己的推算对不对。

时间的测量

生活中，总离不开记时。现在，我们可以通过钟表、手机等工具知道时间。那么，在科技不发达的古代，人们是通过什么来知道时间的呢？

太阳 ※ 日出日落决定作息

在遥远的古代，我们的祖先根据太阳安排作息，白天狩猎、采摘，晚上睡觉。正如先秦民歌《击壤歌》中所唱："日出而作，日入而息。"

圭表 ※ 日影长短测定节气

古人很早就发现，日照形成的物影总是有规律地变化着。人们在地面上竖起一根杆，通过观察杆影方位和长短的变化，渐渐总结出了一天时间的变化和一年四季的变化规律，古老而简单的天文仪器就这样诞生了。

周代时，这种仪器演变为圭（guī）表，"圭"是一根带刻度的尺子，"表"就是那根直立在地上的杆。圭朝南平放在表的正北方，两者安装在一起使用。当表的影子恰好投射到圭上时，测到的就是正午影子的长度。一年中，正午影子最短的那天是夏至，最长的那天是冬至。再细分的话，还能确定更多的节气，帮助编制历法。

漏刻

日晷

横梁 相当于表的顶端

冬至正午日影　春分和秋分正午日影　夏至正午日影

圭　表

横梁的影子投射在此，可读取刻度 相当于圭

日晷 日影方向测定时间

日晷（guǐ）由圭表分化而来，通过一天中物影的位置变化来测定时间。日晷通常由圆盘和指针组成，圆盘盘面平行于赤道面，指针垂直立在盘面中心，上端指向北极星，盘面上有十二时辰的刻度线。太阳照射在日晷上，指针的影子就会投在盘面上，根据刻度就能读出时间。

漏刻 计时精确，应用广泛

由于在阴雨天和夜间无法利用日影计时，为了弥补了这个不足，古人又发明了漏刻。漏刻早在先秦时期就已普遍使用。漏刻有很多种，浮箭漏是最常用的。一只箭壶中装有一根箭尺，随着供水壶的水流入箭壶，箭壶水位上升带动箭尺上浮，通过箭壶口处箭尺上的刻度即可读出时间。为了更精确地计时，还可以使用多级供水壶，保证供水壶能匀速向箭壶注水。

以沙代水的沙漏也可以计时，而且冬季不受水结冰的影响。发明于元末明初的五轮沙漏，利用流沙带动多级齿轮旋转，实现指针转动和整点报时，和现代钟表的原理一样。

观星台

太阳这么高了，该做饭了。

供水桶

浮箭

田漏
古时农家
计时的器具

天象的观测

白天,太阳"控制"着天空,我们只能测日影;夜晚,月亮和无数的星星在天空中,人们通过观星能发现很多奥秘。古人为了制定更精准的历法,也为了与天"对话",就长年累月地观星,还设置了专门的机构负责这件事,发明了许多观星设备,绘制出丰富的星图。

浑仪 窥管

天象记录

我们的祖先不仅勤于观星,还如实记录。《尚书》里记载了四千多年前的日食,《春秋》中有世界上最早的彗星记录。战国人**甘德**和**石申**编制了世界上最早的恒星表,总结了金、木、水、火、土五大行星的出没规律,记载了800多颗恒星的名字。唐代人把星图编成了通俗易懂的《步天歌》,还绘制出《敦煌星图》,其中分类标注了北半球1339颗恒星的位置。

浑仪 给星星定位置

最早的观星设备"圆仪"现在已经很难考证。西汉天文学家**落下闳**改"圆"为"浑",创造了浑仪。"浑"是圆球的意思。浑仪中心的小圆环上有一根窥管,代表地球人观星的视角。外圈有多层圆环,可以旋转。当窥管对准某个星星的时候,根据圆环上的刻度就可以判断该星星的准确位置。

三垣二十八星宿

我国古代天文学家把星空划为四个片区,用四个动物名称表示:东苍龙、西白虎、南朱雀、北玄武,这就是四象。每象又细分为七个区域,形成了"二十八星宿"。后来,天文学家又把中央星空拆分出来,划分出"三垣(yuán)",天空便有了31个分区。"三垣"中的紫微垣代表天帝居住的地方,所以"紫气东来"中的"紫"寓意富贵,明朝宫城名为紫禁城也源于此。

浑象

浑象 能动的星图

东汉天文学家**张衡**发明了水运浑象,在一个空心大圆球上标上各个星星的位置,利用水力带动齿轮,让星图和星空同步运转。浑象能让你直观地感受到什么叫"斗转星移"。

水运仪象台 ※ 把浑仪和浑象联动起来

北宋天文学家**苏颂**大大提高了观星仪器的精密度，主持建造的大型自动化水运仪象台，被誉为世界上最早的天文钟。设备分三层楼高，上层的浑仪用于观测天象，中层的浑象用于演示天象，下层是计时、报时装置。它以漏刻流出的水为动力源，通过机械传动驱动报时装置和浑象工作。

水运仪象台

天赤道：以北极星为圆心，所有恒星绕北极星旋转
黄道：太阳和行星在此轨道运行

七曜： 古人把日、月、金、木、水、火、土七个天体合称七曜。它们在星空中的黄道附近运转。

简仪 ※ 把浑仪简化升级

元代天文学家**郭守敬**发明能力卓绝，他致力于解决浑仪环环相扣造成的观测死角，因此创造了简仪，大大提升了观测范围，降低了使用难度，观测精度可达到 $(1/36)°$。在细节上，简仪的滚柱轴承、瞄准十字丝，都是非常超前的创造。

五大行星别称 ※※

金星：太白、启明（在东方时）、长庚（在西方时）。
木星：岁星。
水星：辰星。
火星：荧惑。
土星：镇星。

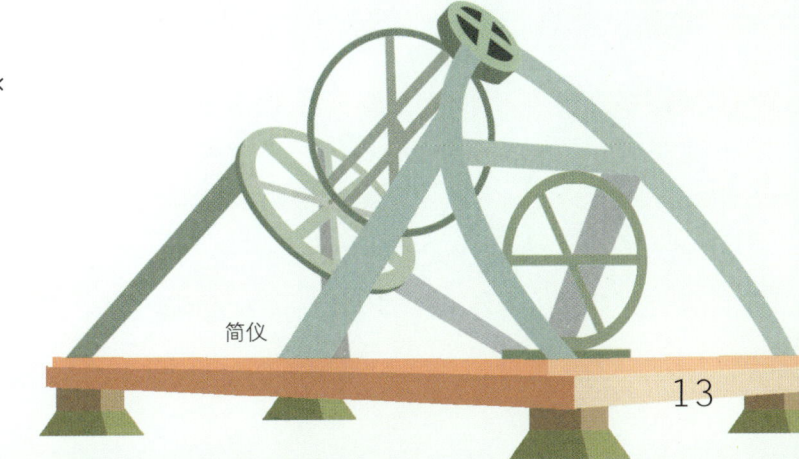

简仪

二十四节气

中原地区夏热冬寒，春暖秋凉。我们的祖先很容易感知到这种气候的变化。但是要想更准确地知道四季变化的规律，用以指导农业生产，就需要更深入的天象观测。二十四节气就是在这种需求的推动下，不断完善而成。

斗转星移

每天夜晚，星星像日月一样，东升西落。但是古人很快就发现，大部分星星在天空中走的路和太阳、月亮不一样。星星之间的位置关系不会变化，比如北斗七星连起来的形状一直都像舀酒的斗形。古人还发现，如果把一年内每个傍晚的"斗柄"位置连起来，那刚好是以北极星为圆心的圆圈。因此古人用"斗柄"所指的方向来判断季节：斗柄东指，天下春；斗柄南指，天下夏；斗柄西指，天下秋；斗柄北指，天下冬。

寻找冬至

太阳东升西落，因此有日影长短变化。在一天中，早晨影长，中午影短；在一年中，冬天正午影长，夏天正午影短。如果能准确找到冬天正午影子最长的那一天，就能准确确定年的长短了。三千多年前，周公在"天地之中"（今嵩山）用圭表准确测出一年中的最长日影，于是把这一天定为冬至，当作一年的开始。周公还确定了夏至的日期。

四时八节

古人没有停止探索，日晷的发明大大方便了测定时间。天文学家发现，一年中有两天是昼夜等长的，称为"日夜分"，也就是后来的春分和秋分。冬至、夏至、春分、秋分这四个节气准确地体现了四季特点，因此也叫四时。为了便于指导农业生产，天文学家又测算出四季开始的时间，确定了立春、立夏、立秋、立冬四个节气，和四时合称八节。

立冬吃饺子。

白字为节令，黑字为中气。

融入农历

到了汉代，天文学家进一步把一年细分为二十四节气，并且起了特别通俗的名字，比如"芒种"是提醒农民该种稻子啦，"霜降"是提醒大家要御寒防冻啦。24个节气中，包括12个节令（有节点之意，比如立春）和12个中气（有延续之意，比如雨水）。汉武帝颁发《太初历》时，正式把二十四节气纳入到历法里。

※※二十四节气歌

春雨惊春清谷天，
夏满芒夏暑相连，
秋处露秋寒霜降，
冬雪雪冬小大寒。

微调节气

从汉代开始，制定历法的人都把一年平均分成24份，对应二十四节气，这叫平气法。到了隋代，随着天文观测水平的提升，天文学家发现一年中太阳的行进不是匀速的，平气法推算出的春分日可能并不是昼夜等长的那一天，因此提出了一种改进方案——定气法（见节气图中的间隔天数），但是这个方法直到清朝的《时宪历》才被用上。

历法的编算

在古代，农业生产靠天吃饭，只有掌握农时才能有好收成，因此就诞生了历法。古人根据地球、月球、太阳的运转规律，测算年、月、日的周期，以期顺应春夏秋冬的法则，这就是农历。农历包括阴历和阳历两部分，属于一种阴阳合历，至今仍然在我国广泛使用。

下图以公历 2020 年和农历庚子年来做比对，展示历法的编制规则。

公历日期 —— 2023年 3月大 星期二 **21**
农历节气 —— 今日春分 农历癸卯年
农历日期 —— 二月三十

公历
元旦 | 1月大 | 2月闰 | 3月大 | 4月小 | 5月大 | 6月小 | 7月大 | 8月大
↑通常每 4 年中有 1 个闰年。平年全年 365 天，遇闰年则在 2 月 +1 天。
↑大月31天　↑小月30天

农历
阳历，体现地球绕太阳周期
●节令 12 个　○中气 12 个
立春 雨水 惊蛰 春分 清明 谷雨 立夏 小满 芒种 夏至 小暑 大暑 立秋 处暑

阴历，体现月球绕地球周期
春节 ↑小月29天 ↑大月30天 　选不含中气的月置闰↓ 端午 榴月
正月小 | 二月大 | 三月大 | 四月大 | 闰四月小 | 五月大 | 六月小 | 七月
柳月　杏月　桃月　槐月　　　　　　　　　　　荷月　兰月
↑通常每 2~3 年中置 1 个闰月。平年 12 个月，闰年 13 个月。

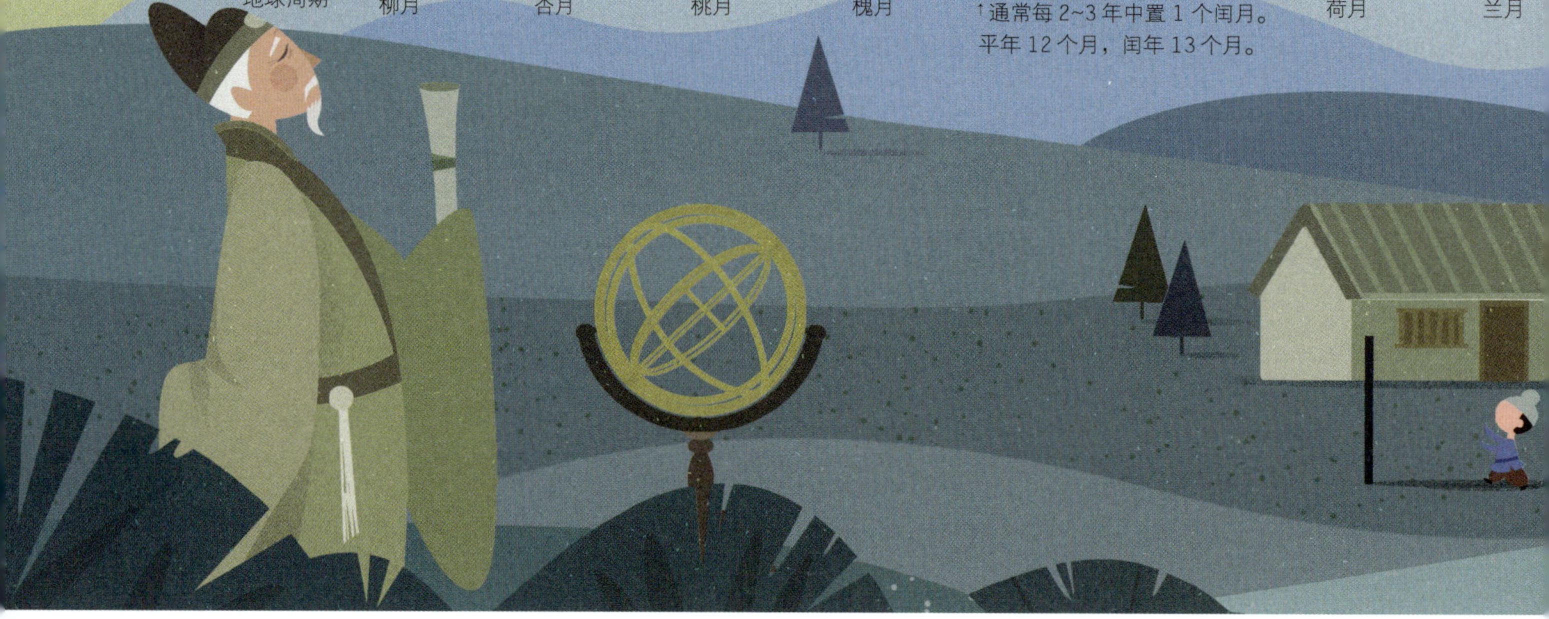

中国古代历法的演变

古六历 ----→ [汉代]《太初历》 ----→《三统历》 ----→ [南朝]《大明历》祖冲之编 ----

黄帝历 → 秦《颛顼历》 → 夏历 →

历法第一次大变革　　　　　汉代，刘歆编，第一部完整流传下来的历法。　　　　历法第二次大变革

节气
把二十四节气融入历法后
既可判断太阳高度，又能体现月亮圆缺

岁差
根据岁差修正一年的长度
调整闰月规则：391 年内插入 144 闰月

天干
和十二地支相配，成60组，用于纪年。

甲 × 乙 × 丙 × 丁 × 戊
己 × 庚 × 辛 × 壬 × 癸

地支＋十二生肖
例：2023年为癸（天干）卯（地支）年。

子鼠 × 丑牛 × 寅虎 × 卯兔 × 辰龙 × 巳蛇
午马 × 未羊 × 申猴 × 酉鸡 × 戌狗 × 亥猪

地球自转一周 — 日
月球绕地球转一周 — 月
地球绕太阳转一周 — 年

××为什么说"冬至大过年"？

冬至是由太阳定的：日影最长的那一天。

春节是由冬至定的：冬至后的第二个非闰月为正月，正月初一为春节。

朔日是月亮运行到太阳和地球之间的那一天，历法把这一天定为每月初一。

朔日这天在地球上看不到月亮，所以有歇后语"大年初一没月亮——年年都一样"。

| 10月大 | 11月小 | 12月大 | 2021年1月 |

寒露 霜降 立冬 小雪 大雪 冬至 小寒 大寒 立春

中秋　　　　　　　　　　冬至必须在冬月　　除夕

| 月大 | 九月小 | 十月大 | 十一月小 | 十二月大 |
| | 菊月 | 露月 | 冬月 | 腊月 |

→ [唐代]《戊寅元历》
历法第三次大变革

→《授时历》
元代，郭守敬等编，古代历法集大成者，实际使用时段最长。

→ [明代]《崇祯历》徐光启等编
历法第四次大变革

→ 现行农历
2017年颁布了最新版本的农历编算方法。

定朔
将每月初一定在朔日
以此安排大月和小月

定气
节气间隔不均分
节气到了位置才算定

中国古代数学年表

我们的祖先很早就认识到数和形的概念，在天文学和测量术的推动下，在汉代就基本形成了传统数学的框架，并在南北朝把圆周率推算到古人的天花板高度，至唐代已经有《算经十书》可供教学。宋元时，我国迎来了数学研究的大繁荣，诞生了朱世杰等"数学四大家"，把传统算术推向巅峰。明清时数学地位下降，但是程大位引领了民间珠算的普及，李善兰则凭借其高等数学成就让中国在近代数学史上占有一席之地。

宋元数学四大家

[南宋] 秦九韶
[元] 李冶
[南宋] 杨辉
[元] 朱世杰

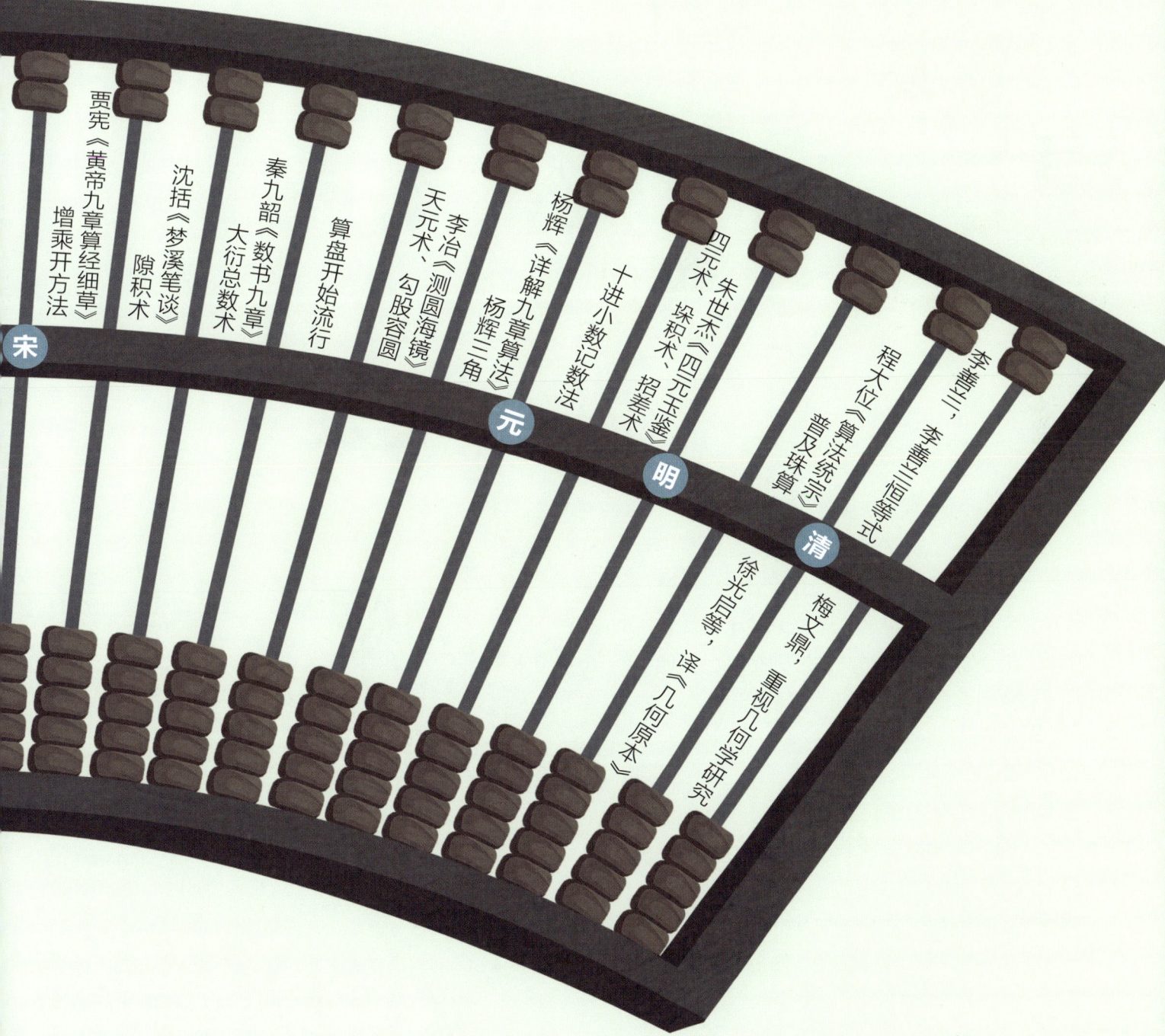

宋：贾宪《黄帝九章算经细草》增乘开方法；沈括《梦溪笔谈》隙积术；秦九韶《数书九章》大衍总数术；算盘开始流行；李冶《测圆海镜》天元术、勾股容圆；杨辉《详解九章算法》杨辉三角

元：十进小数记数法；朱世杰《四元玉鉴》四元术、垛积术、招差术

明：程大位《算法统宗》普及珠算；徐光启等，译《几何原本》

清：梅文鼎，重视几何学研究；李善兰，李善兰恒等式

从算筹到算盘

计算器是我们现代常用的计算工具,那么,我国古代有什么计算工具呢?

手指 ※ 天然的计算工具

人有十根手指,手指自然而然成为首选的计数工具。儿童学算总是先数指头,成人也常常用手指或指关节来速算。早在商代,我们的祖先就喜欢把十当作最大的基本数,十个十是百,十个百是千,十个千是万。当然,手指计数遇到大数不太方便,因此古人还创造了摆石子计数、结绳记数、刻痕记数等方法。

算筹 ※ 加减大数心不慌

到了周代,人们学会了借助小棍来计算,这就是算筹。算筹长约 13 厘米,一般用竹子制成,这可以从这两个字的部首看出。算筹可通过颜色、形状和摆放形式来表示不同的数字。解决数学问题时,按规则布筹,即使遇到位数很多的大数,也很容易表示。

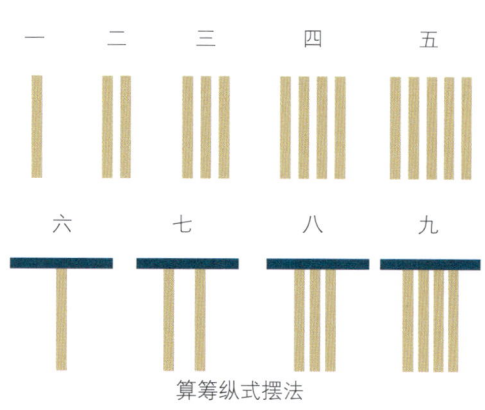

算筹纵式摆法

※※算盘为什么有两个上珠

算盘下半部每珠代表1，上半部每珠代表5。每一档上，表示9（最大的一位数）时上珠只用得上一个，可是算盘为什么有两个上珠？因为在古代1斤是16两，在表示物重的时候，一档最多需要表示15。

算盘※乘除计算都不怕

唐宋时期，商业活动逐渐频繁，数字计算增多，携带更方便、计算更迅速的算盘开始流行起来。算盘由算筹演变而来，人们用手指拨动算珠，借助口诀，进行加减乘除运算甚至更复杂的运算。到了明代，一个名叫**程大位**的商人，年轻时就一直和算盘打交道，后来他潜心钻研运算，最终写成《算法统宗》一书，总结了全新的珠算口诀，是珠算发展的里程碑。

※※与算盘有关的俗语

铁算盘
比喻"算进不算出"的精明。

三下五除二
珠算加法口诀，现多形容做事干脆利落。

二一添作五
珠算除法口诀，可形容双方平分。

九九八十一
珠算乘法口诀，源于周朝的"九九乘法表"。九九八十一难指唐僧师徒西天取经遭受的磨难。

程大位归纳珠算口诀

探索数和图的关系

西汉时，人们总结了先前天文学和数学的成果，形成了一本书，叫《周髀（bì）》，书中第一次将"数"与"图"结合在一起，解答了许多在当时非常高深的问题，比如太阳离我们有多远，太阳直径是多少。唐代时，这本书被列为教材，称为《周髀算经》。

商高 数字出于图形

周朝初年，周公旦问当时的智者**商高**："天不能攀登，地没有刻度，历法用的数字是从哪里来的？"商高认为，数字出于图形，圆形、正方形、长方形、三角形这些图形之间都有着联系，并且举例说明：一个长方形，短边（勾）为3，长边（股）为4，沿对角线折叠得到的三角形，斜边（弦）长度一定是5。这个发现被后人总结为勾股定理。无论是建房、修桥，还是测量山高、估算木方，都离不开勾股定理的运用。没有勾股定理，就没有后来数学的繁荣。

太阳离我们有多远

在A地（周城）和B地（城南1千里），各立一个80寸高的标杆（髀）。夏至日正午，C_1地（太阳直射点）无影，测得A地杆影长16寸，B地杆影长15寸，这比例关系就是"寸影千里"——日影差一寸，实际相距千里。

按此比例推算，C_1地距离A地16千里。根据杆高和影长的比例，可得出C_1地距离太阳80千里，这就是"天高八万里"的由来。

假定天高80千里（股）不变，等到A地杆影长60寸的那一刻，当时的太阳直射点C_2地距离A地就是60千里（勾），那么根据勾股定理可以算出A地距离太阳是100千里（弦）。

赵爽和刘徽都是拼图大师

三国时期，数学家**赵爽**深入研究《周髀》，为其详细注解，并通过对图形的切割和拼接，巧妙地利用面积关系证明了勾股定理。稍晚一些的数学家**刘徽**，利用"割补术"证明了勾股定理，发展了勾股测量术。如今，勾股定理的证明方法已经超过四百种。

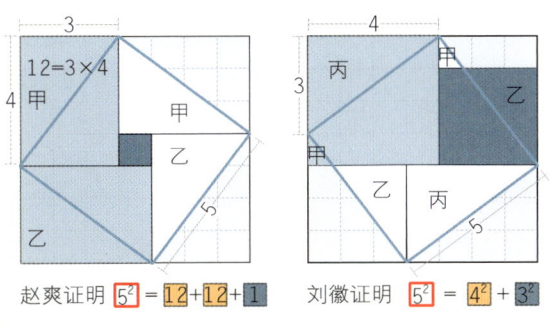

赵爽证明 5^2 = 12+12+1　　刘徽证明 5^2 = 4^2+3^2

李冶让三角形和圆"结为好友"

人类最伟大的十个科学发现之一的勾股定理，延伸出了很多新课题，其中的勾股容圆更是发展为数学的一个重要分支。元代数学家**李冶**写有《测圆海镜》，归纳了通过勾股形（直角三角形）求圆直径的方法。书中介绍的天元术是极其抽象的解决数学问题的方法，比欧洲提出同类方法早三百多年。

※※太阳有多大

古人发现，用一根直径1寸、长80寸的竹管去窥视太阳，恰好在管中能完整地看到太阳。古人根据这个测量结果，利用相似三角形比例，再加上前面算出的我们与太阳的距离，算出太阳直径是1.25千里。

虽然古人算出的太阳直径及我们与太阳的距离，与实际差距很大，但是他们的推算思路是正确的，探索精神是令人钦佩的。

追寻圆周长的秘密

马车车轮转一圈可以走多远？造一个水车需要多少木材？这些都和圆的周长测算有关系。圆的周长不容易直接测量，如果能算出圆的周长和直径的比例关系，那么计算圆周长就方便多了。我们把圆的周长和直径的比值叫圆周率，古人对此做了深入的研究。

我感觉我还能算得更精确点。

刘徽采用"割圆术"求圆周率

上古 估一下很简单

我们的祖先很早就发现了圆周率。西汉的数学著作《周髀》中，就记载了"径一周三"的说法，意思是一个圆的周长差不多是它直径的3倍。这个数值虽然不精确，但是很便于估算。另外一本数学著作《九章算术》则介绍了用圆周率计算圆面积的"圆田术"。

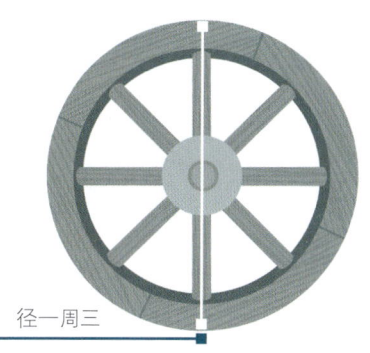
径一周三

刘徽 割开算更精准

魏晋时期的数学家**刘徽**，发现圆的内接正多边形的面积和圆面积接近，于是他想：只要求出内接正多边形的面积，得到的就是接近圆的面积了，这就有了"割圆术"。刘徽用圆的内接正192边形计算，再加上巧妙的补差方法，得到圆周率为3.1416，简值为3.14，后人称为"徽率"。

祖冲之 升级后封了"神"

南北朝的数学家**祖冲之**，把割圆术升级成缀术，通过繁杂的计算，修正了调节比，得出圆周率应该在3.1415926到3.1415927之间，这个水平的精确数值比欧洲早了一千多年，被称为"祖率"。为表示景仰，今人用祖冲之的名字给月球上的一座山命名。

刘歆铜嘉量是西汉末年所造的一件测容积的标准器。祖冲之算出祖率后，就用新的数值来验算嘉量铭文上的容积记载是否准确，结果果然非常吻合。

圆周率 π 值趣闻

电子计算机出现后，π值的计算越来越精确了。如今，圆周率已计算到小数点后几十万亿位了，3月14日也被设为国际数学节，以纪念人们对圆周率不断探索的精神。

背诵没有数字规律的 π 值如今成了挑战记忆的游戏。曾经有人连续背诵出 π 值到小数点后 67890 位。下面有一个口诀，能让你迅速学会背诵出 π 值到小数点后 22 位。

3. 14159 26535 897 932384 626
山巅一寺一壶酒，尔乐苦煞吾，把酒吃，酒杀尔杀不死，乐尔乐

地图中的数学

本页插图为南宋石刻地图《禹迹图》样式

数学被广泛地应用于各个领域。古人在地图绘制过程中，经常要用上数学知识。据说大禹曾手拿准、绳、规、矩等数学测量工具，指挥民众开挖沟渠，治理洪水，功成后铸造了九只大鼎，在鼎上刻出九州的山川形势，这就是最早的地图。

汉 * 马王堆地图 * 图例和比例

湖南长沙马王堆汉墓出土了三幅绘制在帛上的彩色地图：《地形图》《驻军图》《城邑图》。其中的《地形图》是世界上现存最早的实测地图，制图思路和现在的地图差不多，但却来自两千多年前。它有统一的图例，标注了山脉、关隘、城镇、道路等丰富的信息，甚至用线条的粗细区分了河流的上下游；它有统一的比例尺，约为一寸折十里。

晋 * 禹贡地域图 / 六原则

西晋的裴（péi）秀等绘制了我国最早的历史地图集《禹贡地域图》，为后人制定了一套切实可行的"标准绘图程序"：第一，提出"制图六体"理论（绘图六原则），能很好地判定水平直线距离；第二，采用"计里画方"技术（网格化）。现存的南宋《禹迹图》，很好地体现了裴秀的绘图思想。

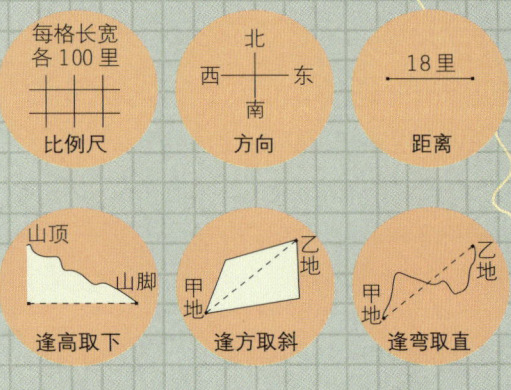

记里鼓车
用于测量里程的工具

音乐中的数学

学唱歌可以不懂数学，做乐器则必须要懂数学。人们很早就发现，两个音高相差一半的时候，听上去感觉很相似。那么要想奏出美妙的音乐，就需要在这两个音高之间（一个音程），寻找多个和谐的音高。

管仲 定五音高低

古人发现，两个音高的比值是三比二或三比四时，声音是最和谐的。春秋时期的**管仲**总结出"三分损益法"，推算出五个音高——宫、商、角（jué）、徵（zhǐ）、羽。继续推算，再增加两个音高，成了七音，这和西方的"哆来咪发梭拉西"七音符基本对应。再细化，就到了大多数人辨音的极限——十二律。

京房 调律管长短

西汉的音律学家**京房**发现，根据"三分损益法"制作的竹管，由于管口外也有部分空气和管内空气一同振动，导致音高失准，因此需要校正管口。西晋的**荀勖**（xù）采用微调管长法，制定了一套律笛。北宋的**胡瑗**和**阮逸**则采用了区分管径法来校正管口，这涉及到相当复杂的数学计算。

三分损益法推算原理

以音高81为宫①来举例，先做"损"，就是把宫①音高三等分后减一份，即 $81 \times 2/3 = 54$，得到音高为54的徵②。接下来开始做"益"，就是把徵②音高三等分后加一份，即 $54 \times 4/3 = 72$，得到音高为72的商③。依此类推，可以得到羽、角……然后将这些音高按大小排序，就能得到一割一个音程。

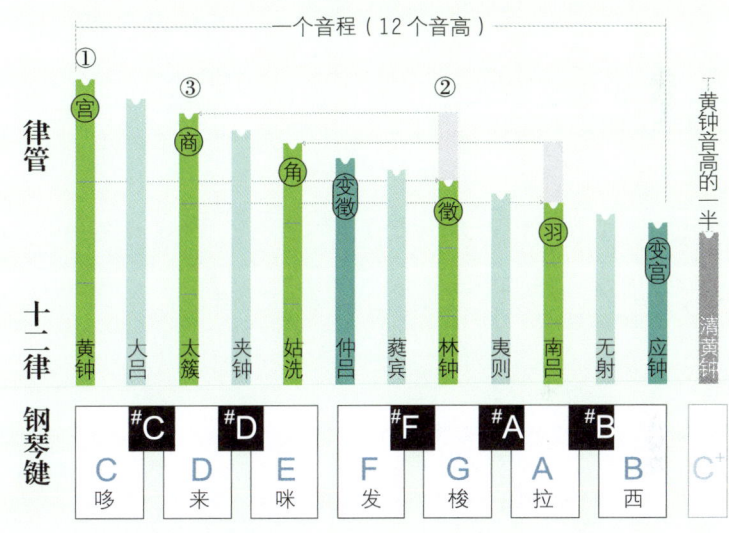

朱载堉 均邻音比值

明代的"布衣王子"**朱载堉**（yù），不喜欢王爷生活，一心想解决一个困扰历代音律学家的心病：黄钟不能还原——"三分损益法"推出的"清黄钟"音高不完全等于黄钟音高的一半。对音乐的极度敏感，激励他制作了一个巨型算盘，推算出了十二平均律——十二个音高之间，最低音是最高音的一半，任意两个相邻音高的比值都一样。这个平均律后来成为钢琴定音的标准。

朱载堉根据自己首创的十二平均律，研制出律准（给乐器定音的工具）

数学大百科《九章算术》

《九章算术》是我国古代最重要的数学专著，大约在西汉时期成形，它系统总结了此前的数学研究成果。书中分为九章，确立了我国古代数学的基本框架。书中文字比较简练，魏晋时期的数学家刘徽为它作注，大大提升了这本书的传播价值。

丰富的内容

《九章算术》内容极为丰富，包括现在中小学数学的相当大一部分内容。比如，丈量各种形状田地面积的方法，各种谷物和粮食折算的方法，建筑所需石料体积的计算方法，摊派赋税的方法，分数的四则运算，比 0 小的数，盈亏问题。书中甚至还涉及现在大学才会学到的"矩阵"。

实用的例题

《九章算术》共收有 246 个数学应用题，大多与生产、生活实践有联系。其中"盈不足术"是我国古代数学非常领先的成果，我们来展示一下其中的"老鼠打洞"例题。

☒☒老鼠打洞例题

有一堵 5 尺厚的墙，两只老鼠分别对着打洞。大老鼠第一天能挖 1 尺，之后每天速度都是前一天的两倍，小老鼠第一天也能挖 1 尺，之后每天速度都是前一天的一半。问这堵墙几天能打通？

第一天
大老鼠穿墙：1 尺。
小老鼠穿墙：1 尺。
剩余：5-1-1=3 尺。

第二天
大老鼠穿墙：1×2=2 尺。
小老鼠穿墙：1÷2=0.5 尺。
剩余：3-2-0.5=0.5 尺。

第三天
大老鼠穿墙：1×2×2=4 尺。
小老鼠穿墙：1÷2÷2=0.25 尺。
第二天剩余 0.5 尺，第三天能打通。

趣味算题集《孙子算经》

《孙子算经》是我国古代又一部重要数学著作,创作于南北朝时期。书中收集了 64 道应用算题,题目很有趣,解法很巧妙。书中还详细地记载了筹算方法和度量衡制度。

鸡兔同笼

书中的"鸡兔同笼"算题家喻户晓,对后世的影响最为深远。题目是:今有鸡兔同笼,上有三十五头,下有九十四足,问鸡兔各几何?书中采用了一个特别有趣的解题方法,叫抬腿法。

※※鸡兔同笼例题解法

假定命令所有鸡抬起一条腿,所有兔抬起两条腿,这样剩下的腿数就是 94÷2=47 条,而头只有 35 个,那么兔子就是 12 只(47-35=12),而鸡的数量就是 23 只(35-12=23)。

物不知数

另一道算题"物不知数",也叫"韩信点兵",是我国数学史上最有独创性的成就之一,被西方人称为"中国剩余定理"。书中不仅给出正确答案,还给出了解题步骤,后来南宋数学家秦九韶证明了这一定理。

※※物不知数变形题目

体育老师要给某班学生安排分组游戏。如果做跳绳游戏(3 人一组),会剩下 2 人;做扔沙包游戏(5 人一组),会剩下 3 人;做丢手绢游戏(7 人一组),也会剩下 2 人。请问这个班有多少名学生?

答案:23 名学生。

中国古代物理学年表

我们的祖先不仅记述了许多物理现象,还发现了一些物理规律,并广泛用于实际生产。在磁学和热学方面,古代中国取得了远胜于西方的成就,尤其以宋元时期指南针和火药的应用为最;在声学方面,特别是在乐律方面也成绩卓著;在力学与光学方面,也取得了不错的成就。

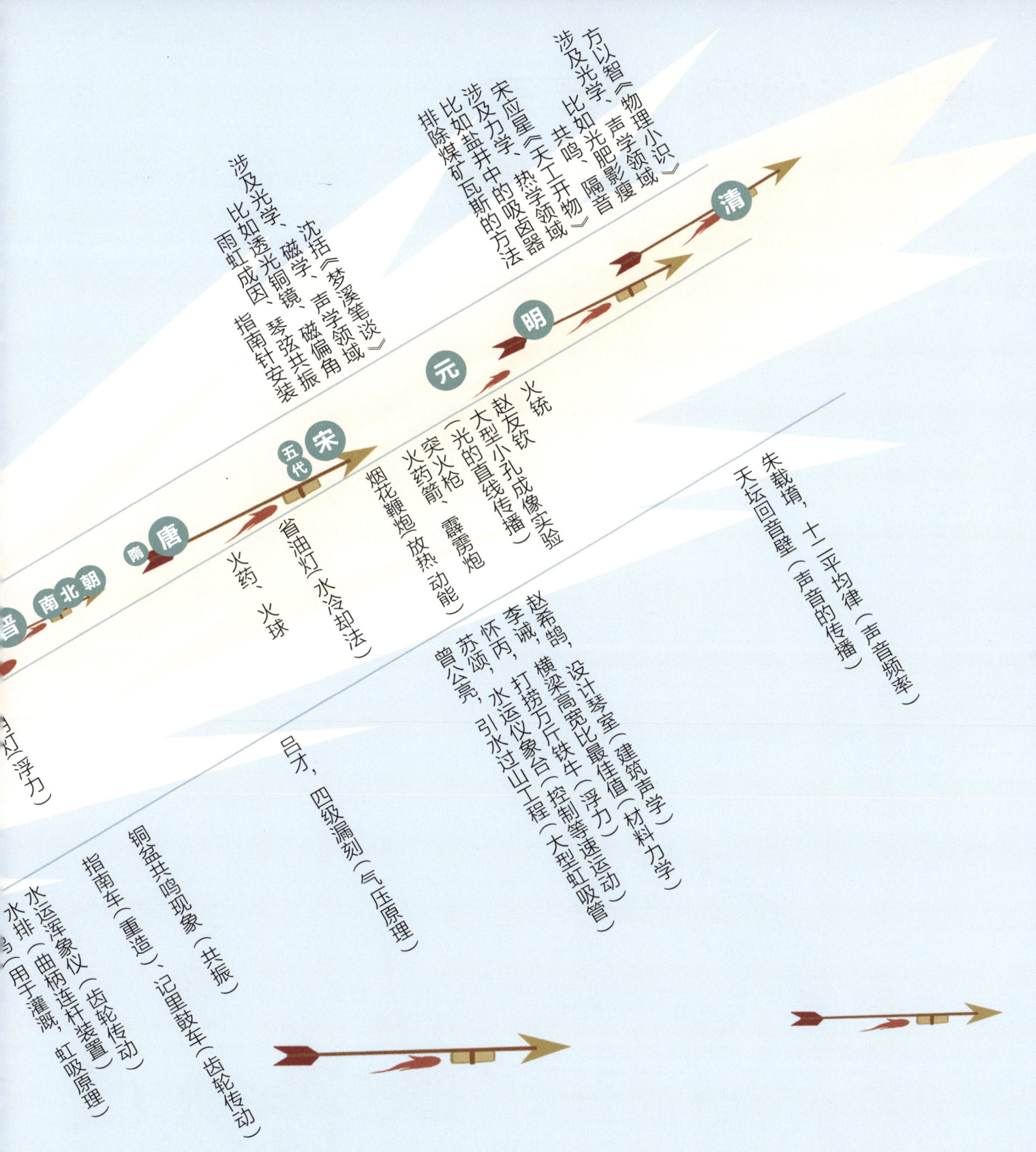

从钻木取火到阳燧取火

旋开煤气灶的钮,只听啪的一声,火苗就出现了。在现代,除了煤气灶,打火机和火柴都非常方便。在古代中国,人们是如何生火的呢?

钻木取火 ˣ 最古老

人类最早的火种来自雷电引发的树木燃烧。用石块使劲撞击山石时会迸出火星,一万多年前,我们的祖先从这种现象中受到启发,发明了钻木取火,这样就可以随时用火了。

这种取火方式利用了激烈摩擦能生热的原理。据古籍记载,发明钻木取火的人是燧人氏。宋代时,人们改进了"钻木"的方法,用"火弓"钻木,大大加快了生火的速度。

阳燧取火 最智慧

除了钻木取火，早在周代，聪明的古人就利用光的反射原理来取火。古人用青铜做凹面镜，将凹面朝向太阳，聚焦光线到一点引燃生火材料，这种生火工具被称为"阳燧"。北京 2022 年冬奥会火炬就是用阳燧点燃的。

小游戏

在阳光下用放大镜聚光，可以点燃火柴。

击石取火 最流行

阳燧只能在太阳下用，有没有更便捷的生火方式呢？当然有，那就是击石取火，用两块坚硬的火石，相互打击产生火星引燃火绒。这也是利用了摩擦生热原理。魏晋时，人们升级了击石取火法，发明了火镰——一小块打制得像镰刀一样的钢，打在火石上能产生火星，点燃火绒。火镰携带起来非常方便，很快普及开来，成为后来最主要的生火方式（直至火柴出现）。

> 这次出远门，幸亏带了火镰。

火折子

南北朝时人们发明了保存火种的火折子。把粗糙的纸卷预先点燃，吹灭明火后，放进细长的竹筒中，盖上盖子。需要点火时，只要拿出来一吹它就能复燃。它的原理是让燃烧物缺氧而半燃半灭，燃烧物遇到氧气后就又开始燃烧。

从燕王称猪到怀丙捞牛

水中的物体会受到浮力,这个原理在我国古代得到了充分应用。最常见的实例是古人制造了各种各样的船。除此之外,还有哪些应用呢?

木工检测车轮

早在先秦时期,古人就对物体的浮沉特性有一定的认识,巧妙地将其应用于实践。例如木工把做好的木制车轮子放在水中,一边旋转一边观察它的浮沉情况。如果浮沉程度一致,那么轮子各处的质量分布必然是均匀的,这样木质匀称的车轮才能更好地转动。

燕王浮舟称猪

在晋朝人写的《苻子》中,有一则燕王浮舟称猪的故事。说的是有人给燕王进献了一头大猪,又养了15年后,他让手下人称一下这头肥大无比的猪到底有多重。结果,折断了十杆秤也没称出猪有多重。最后,燕王命令人"浮舟而量之",才称出这头猪的重量。用浮舟称猪的方法,和家喻户晓的曹冲称象的方法几乎一样,都是利用浮力原理来测量物体的重量。

孔明放灯报信

汉代时，人们用质地极轻的材料做成薄壳灯笼，再点燃其中的蜡烛，灯笼便会腾空飞起。三国时，**诸葛亮**（字孔明）改进了这种灯笼，让其上部封口，灯笼能飞得更高更久，这和热气球的原理一样。诸葛亮在战争期间，利用孔明灯来传递军事情报。

怀丙打捞铁牛

战国时，古人就会利用浮力搭建浮桥，蒲津桥就是一座建在黄河上的竹索浮桥。唐代时，工匠把浮桥的竹索改成铁索，用八头铁牛维系浮桥缆绳。宋代时，浮桥被洪水冲毁，好几万斤的铁牛被卷入河中，这么重的铁牛淤在河沙中，怎么打捞呢？和尚**怀丙**派人潜入水中，用铁索把铁牛和两艘装满土的大船系在一起，然后把船中的土除去，利用大船所受的浮力，把铁牛从河沙中"拔"了上来。

农民盐水选种

盐水选种是古代劳动人民又一个创造性的发明。把种子倒入浓度适宜的盐水里，饱满的种子会下沉，干瘪、虫蛀的种子会上浮到水面。这样选出来的种子，发芽整齐、秧苗健壮。而且盐水还有给种子消毒、预防病虫害的功效。所以有农谚说："盐水选了种，收获多几桶。"

被中香炉不会洒

你玩过陀螺吗？高速旋转的陀螺即使角度非常倾斜也不会倒下。西汉的能工巧匠发明了圆圆的被中香炉，无论它在被窝里怎么滚动，里面的香料都不会散落，用它既可以取暖，又可以除味。这个好物件和陀螺是不是有共同的原理呢？

被中香炉剖面图

巧妙的平衡

被中香炉是一个球形炉子。外壳由两个半球合成，壳上镂刻着精美的花纹，花纹间有空隙便于散发香气。球壳内部装有两个环，大环装在球壳上，小环则套在大环内，盛放香料的香盂装在小环上。

大环、小环、香盂的轴心线互相垂直，物理学上称为"平衡环"。不论香炉的外壳怎样翻转，香盂在重力作用下，始终保持水平状态，里面的香料不会洒落出来。

灯球

广泛的应用

依据平衡环原理，唐代人发明了木火通，冬天取暖再不用担心打翻了炭火。南宋人发明了舞龙用的灯球，将平衡环安装在木棍一端，其内环装上盛油脂的容器，无论舞灯人如何挥舞灯棍，灯球内的灯火都不会掉落，流传至今。

平衡环传到欧洲后，欧洲人在17世纪把它升级为万向支架，后又制成陀螺仪，对航空和航海技术的发展起到了巨大作用。

回音壁三奇音

北京的天坛是明清两代帝王祭天、祈祷五谷丰收的建筑群，里面有一个院子叫皇穹宇院，这里有著名的天坛三大声学奇迹，许多游客慕名前往体验。你知道这是怎么回事吗？

回音壁※ 轻音传得久

皇穹宇院围墙被称为回音壁。如果一个人对墙面轻声说话，另一个人侧耳在围墙任意地方都能清楚地听见说话内容。这是如何做到的呢？原来，圆整的回音壁墙面光滑平整，墙头覆盖着琉璃瓦，对声波有着良好的反射效果。声音由一侧发出之后，经墙面的多次高效反射就传播到了另一侧。这是应用了声学的传音原理。

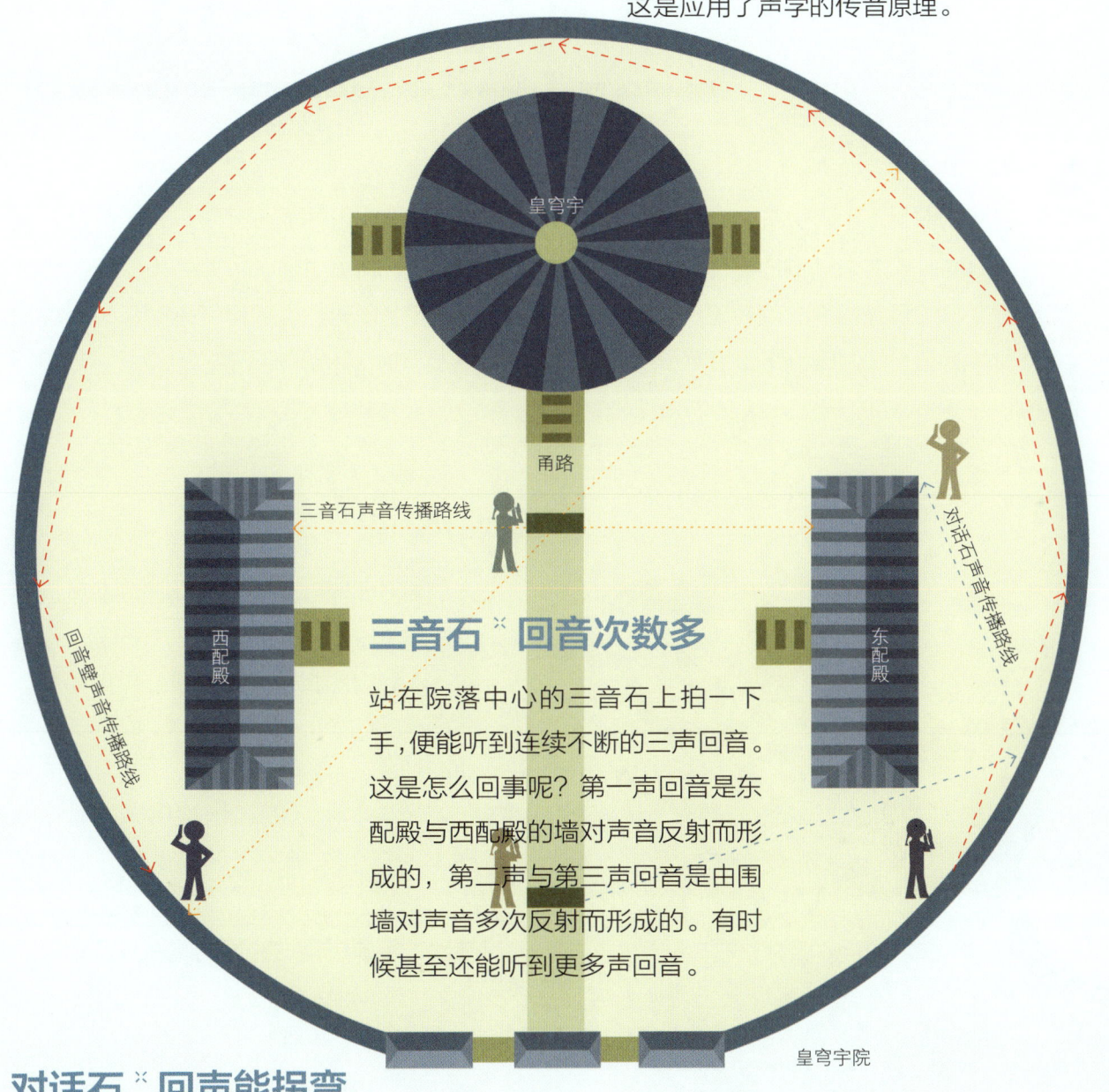

三音石※ 回音次数多

站在院落中心的三音石上拍一下手，便能听到连续不断的三声回音。这是怎么回事呢？第一声回音是东配殿与西配殿的墙对声音反射而形成的，第二声与第三声回音是由围墙对声音多次反射而形成的。有时候甚至还能听到更多声回音。

对话石※ 回声能拐弯

对话石指的是皇穹宇前甬路的第 18 块石板（从南面数是第 3 块），人站在这块石板上，看不到站在东配殿东北角或西配殿西北角的人，却能互相对话。这依然是利用了声学的传音原理，声音经过围墙的反射，沿着特定的路线传播，处在这条路线上的人自然就能听清声音。

从司南到指南针

借助日月星辰辨认方向不是难事,但是要精准地确认方向可就没那么容易了。我们伟大的祖先发明了指南针,并将它用于海洋导航,这大大促进了世界远洋航行技术的发展,对世界文明的发展具有重大推动作用。

司南 ※ 天然磁

春秋时期,人们在炼铁过程中发现有一种石头能吸引铁,称之为磁石。磁石还能够在地磁力的吸引下自动指向南北。战国发明家将天然磁石磨制成勺形,放在一个铜制的方位盘上,这就是司南。旋转磁勺,磁勺在光滑的方位盘中转动,当它停下来时,勺柄就指向南方。不过,由于磁勺与方位盘之间的摩擦较大,司南的精度并不高。

指南车 ※ 不迷路

人们并没有停止研制新的指南工具。西汉时就有人发明了指南车,三国时的**马钧**、南北朝的**祖冲之**都曾重造过指南车。指南车上立有一个木人,只要在车子启动前让木人的手指向南方,之后不论车如何转向,木人的手始终指向南方。指南车主要用作帝王出行的仪仗。指南车的原理和磁力无关,应用的是齿轮传动原理,和被中香炉的原理倒有几分相似。

指南鱼 ※ 人造磁

北宋初年，人们造出了更便捷的磁性指向仪器——指南鱼。把鱼形薄钢片烧到通红，用带磁性的铁钳夹住"鱼头"，沿着南北方向放入水中急速降温，就制成了带磁性的指南鱼。把指南鱼放入水碗，它就会浮于水面，鱼头朝南。但这种人工磁化法获得的磁性不够强。

此行路远，请多保重！

大船有罗盘护航，万无一失。

罗盘 ※ 很精准

北宋末期，人们开始用磁石磨钢针，让钢针获得磁性，做成指南针。**沈括**在《梦溪笔谈》里提到指南针的四种安装方法。其中用水浮法制成的水罗盘最为常见。罗盘上有许多刻度，使用起来很方便，而且准确性大大提高，逐渐替代了指南针。

※ 指南针的安装方法

让磁针指南的关键在于，如何减少磁针的阻力，让它能轻松旋转。让磁针浮在水面上，或者把磁针悬挂起来，都是古人的尝试。有一种特别简便的方法叫指甲法，就是把磁针放在指甲面上轻轻旋转，其缺点是容易滑落（如左图所示）。

从火药到火铳

小朋友，你知道鞭炮为什么会爆炸吗？那是因为鞭炮里有火药。其实，唐代时，中国人已经发明了火药。后来，火药被应用于军事，做成火药武器，打仗时用。元代以后，火药和火器传到了西亚和欧洲，对西方的火器制造和作战方式产生巨大影响。

火药 ※ 炼丹的意外

火药的发明与炼丹术密切相关。晋代的炼丹师在炼丹药时，就开始将硝石、硫黄、木炭等混合炼丹，这些材料都是火药的配方。唐代中期，炼丹师在前人配方的基础上发明了火药，当时他们已经认识到火药爆炸的威力。

※※中国古代四大发明

四大发明是我国古代科技创新的代表，包括造纸术、指南针、火药、印刷术。

火球

※※烟花

北宋末年，宋徽宗下令改进火药，制造出用于娱乐的烟花。将多层纸卷成纸筒，里面放少许粒状火药和辅助剂，安上药线。点燃药线后，纸筒发出啸声，升空后喷出各色烟花。

火铳

火药箭

抛石机

火球 ※ 炸弹的前身

唐末五代时期，各派军事势力相互混战，有将领将炼丹师招入军中协助研发火药武器，火球率先被制出。最初的火球是用纸封裹的火药包。使用时将其系在绳子上，用手抛出，后改为用抛石机抛射。主要用于攻城战。

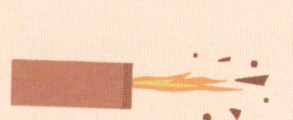

火箭 ※ 导弹的原形

纵火箭早在三国时已经有了，将易燃物绑在箭杆上点燃后射出去纵火，烧伤敌军。北宋时，易燃物被换成火药包，这就成了火药箭。南宋时，宋军利用反作用原理做成了军用火箭，叫作霹雳炮。

霹雳炮由纸筒制成，内装发射药、炸药和石灰。发射时点燃药线，发射药燃烧，从筒内喷出火焰，借反作用力将武器射向敌方。然后发射药引燃炸药，纸筒炸裂，石灰散为烟雾，让敌人睁不开眼，丧失战斗力。发射药燃烧带来动力，这与导弹起飞的原理一样。

火铳 ※ 枪炮的始祖

南宋初年，有人将火药装在竹筒里，制造出飞火枪，临阵时点燃引线，飞火枪喷射火焰，烧伤敌人。南宋后期，又有人发明了在竹筒里装入弹丸的突火枪，点燃弹丸后射出。突火枪是枪炮的始祖，从此揭开了世界军事史上热兵器时代的序幕。元代用金属筒取代竹筒，发明了火铳，比突火枪威力更大。

中国传统医学年表

中国传统医学简称中医学,将人体看成是气、形、神的统一体,通过"望闻问切"四诊合参的方法,探求病因,以辨证论治原则,使用中药、针灸、推拿、按摩、食疗等多种治疗手段,使人体达到阴阳调和而康复。在几千年的中医发展史上,诞生了许多伟大的医生和重要的医学典籍。

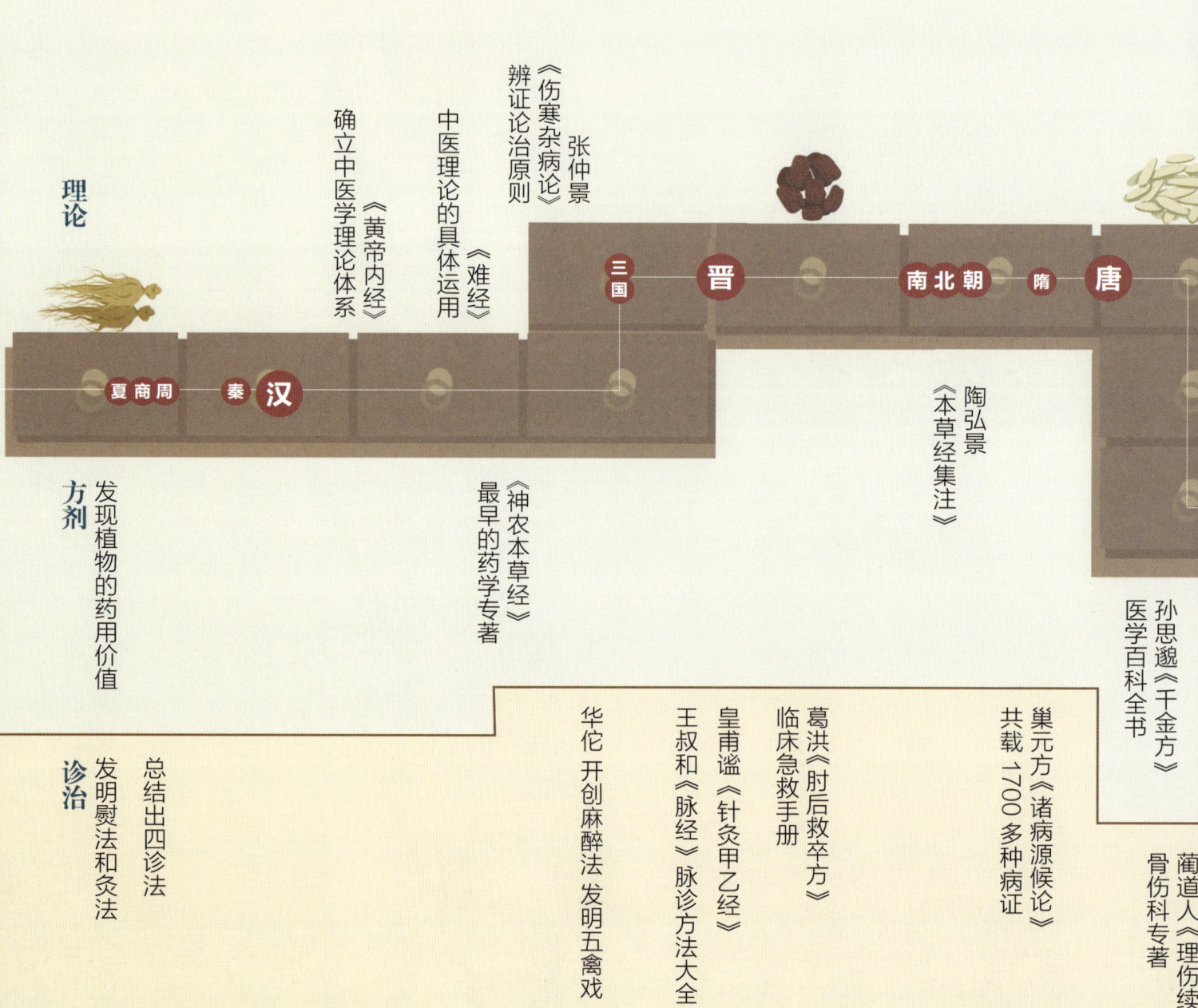

理论

- 夏商周
- 秦
- 汉：《黄帝内经》确立中医学理论体系；《难经》中医理论的具体运用
- 三国：张仲景《伤寒杂病论》辨证论治原则
- 晋
- 南北朝：陶弘景《本草经集注》
- 隋
- 唐

方剂

- 发现植物的药用价值
- 《神农本草经》最早的药学专著
- 孙思邈《千金方》医学百科全书
- 蔺道人《理伤续断方》骨伤科专著

诊治

- 发明熨法和灸法
- 总结出四诊法
- 华佗 开创麻醉法 发明五禽戏
- 王叔和《脉经》脉诊方法大全
- 皇甫谧《针灸甲乙经》
- 葛洪《肘后救卒方》临床急救手册
- 巢元方《诸病源候论》共载1700多种病证

名医的名号

- [上古] 神农氏／药祖
- [战国] 扁鹊／脉学之宗
- [汉] 华佗／外科之祖
- [汉] 张仲景／医圣
- [晋] 皇甫谧／针灸鼻祖
- [晋] 葛洪／预防医学的先驱
- [唐] 孙思邈／药王
- [宋] 钱乙／儿科之祖
- [宋] 宋慈／法医之祖
- [元] 朱震亨／金元四大家之一
- [明] 李时珍／药圣
- [清] 叶桂／温病四大家之一

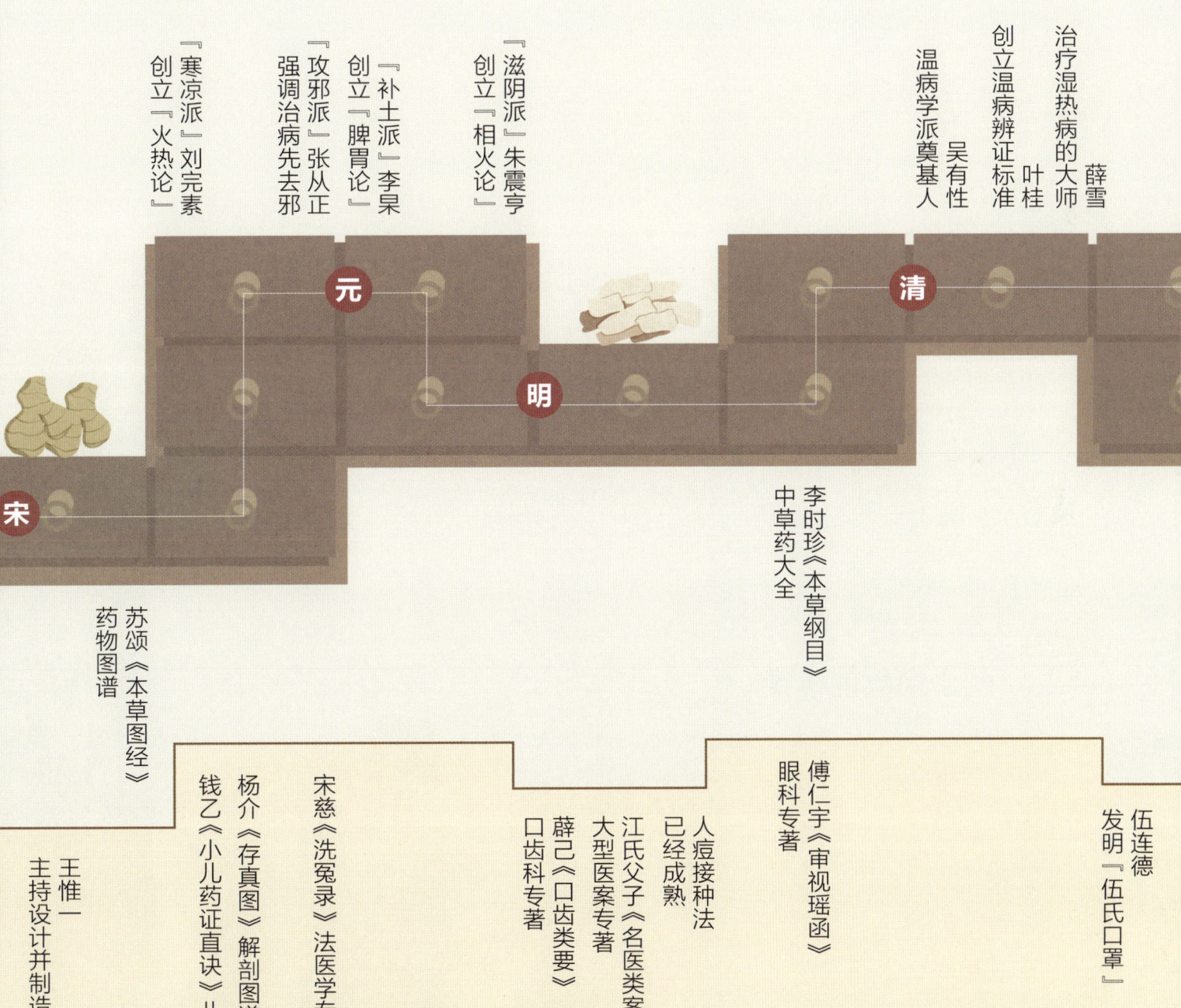

"寒凉派" 刘完素 创立"火热论"

"攻邪派" 张从正 强调治病先去邪

"补土派" 李杲 创立"脾胃论"

"滋阴派" 朱震亨 创立"相火论"

治疗湿热病的大师 薛雪

创立温病辨证标准 叶桂

温病学派奠基人 吴有性

宋 — **元** — **明** — **清**

苏颂《本草图经》药物图谱

王惟一 主持设计并制造针灸铜人

钱乙《小儿药证直诀》儿科专著

杨介《存真图》解剖图谱

宋慈《洗冤录》法医学专著

李时珍《本草纲目》中草药大全

薛己《口齿类要》口齿科专著

江氏父子《名医类案》大型医案专著

人痘接种法已经成熟

傅仁宇《审视瑶函》眼科专著

伍连德 发明"伍氏口罩"

43

中医始祖《黄帝内经》

远古时，我们的祖先在与疾病作斗争时，逐步积累了医药经验，比如局部加温能缓解疼痛，某些食物能减轻病症。到春秋战国时期，中国传统医学（简称中医学）初步形成，至西汉时出现了《黄帝内经》这样的综合性医书。

运输气血的经脉

中医学认为，人体中有纵横交错的经络，连通全身，运行气血。气和血是让人体各种器官（古人称为五脏六腑）能正常发挥功能的原动力。《黄帝内经》总结了人体的十二条经脉，以及更细小的络脉，还有经络上气血出入的关键节点——穴位。

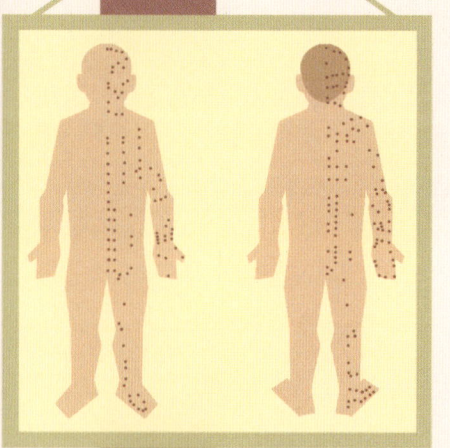

刺激经脉的针灸

根据经络学说，在人体发生病变时，选择适当的穴位进行治疗，能取得更好的疗效。《黄帝内经》里总结的通过穴位治病的方法叫针灸（jiǔ），其中"针"是指用细针刺入穴位，"灸"是指用点燃的艾条所产生的高温来刺激穴位。针和灸在临床上常常相互配合使用。

昨夜有没有出汗?

望闻问切找病因

望、闻、问、切是中医诊断的基本方法，四种诊法并用，查出肌体病因、找出病根，才能对症下药，进行治疗。《黄帝内经》详细阐述了四诊法。望诊：观神色、望面部、察目望舌、辨经络等。闻诊：闻声音、辨气味等。问诊：问发病情况、生活起居、病史等。切诊：切脉、按胸腹、诊尺肤等。

五脏六腑需要养

五脏六腑是维系人生命的重要器官，中医学认为，疾病发生源于脏腑失调，所以需要好好养护脏腑。《黄帝内经》认为，有病求医不如无病养生。养生思想包括：顺应四季变化，饮食要有节制，生活要有规律，心情保持乐观等。

❋❋人体穴位图

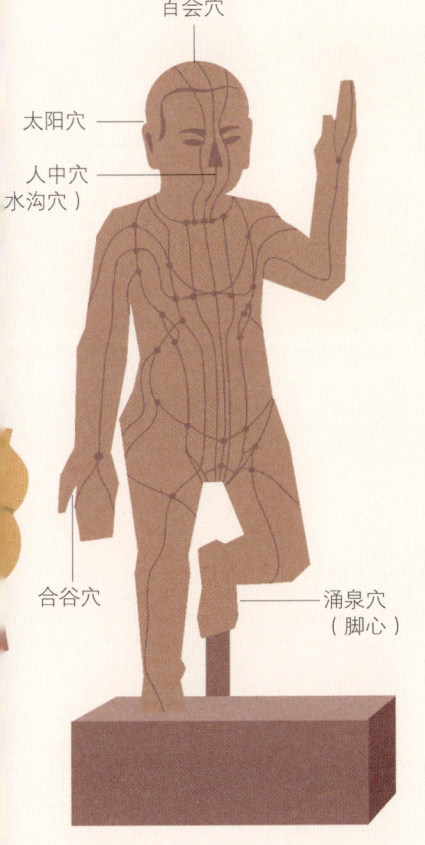

人体穴位总计有 720 个，其中要害穴位有 108 个。左图中标注了几个普通人较为熟知的穴位。

45

医圣张仲景

东汉末年,战乱频发,瘟疫流行,年少的张仲景目睹亲人和乡邻的纷纷离世,下决心要制服伤寒这个"瘟神"。他专心学医,不断探索,终于写出《伤寒杂病论》一书,开创了中医临床理论体系,被后世尊称为"医圣"。

看病需要综合分析

张仲景根据自己的治疗经验,确立了"辨证论治"的原则,这后来成为中医诊断治疗的基本原则。同样是发热症状,可能有不同的发病原因,疾病侵入的程度、患者体质的强弱,也不一样,这就需要综合分析,以确定不同的治疗方案,切不可"头痛医头,脚痛医脚"。

下药需要配制方剂

方剂学是解决什么病用什么药方的问题的。汉代以前,人们已经总结了不少药方,《伤寒杂病论》归纳的药方达300多首,被誉为"方书之祖"。书中对于药物的搭配方法也有着细致的记载,还介绍了丸剂、浴剂、滴耳剂等多种方剂新形式。书中介绍的甘草汤、乌梅丸、柴胡汤等经典名方至今还发挥着作用。

医圣的仁心仁德

古代官员是不能随便接近老百姓的。张仲景做长沙太守时,为了能给更多老百姓治病,就在每月初一和十五大开衙门,允许百姓进来看病,他坐在大堂上挨个问诊。后来,人们就把坐在药店里给人看病的医生通称为"坐堂医生",用来纪念和褒扬张仲景的医者仁心。

※※中国传统医学四大经典著作

《黄帝内经》:中医理论基础。
《难经》:重点病答疑。
《伤寒杂病论》:临床治疗经典。
《神农本草经》:药物大全。

外科鼻祖华佗

东汉末年,医学领域还出了另外一位家喻户晓的名医——华佗。华佗医术精湛,精通各科,被视为神医,现在的人经常用"赛华佗""华佗再世"来形容某位医生医术高明。

针灸高手

华佗的针灸术出神入化。他对人体经络和穴位了如指掌,据说每次不过扎一二处穴位,针起病消。

> 你去准备桑皮线和缝针。

外科圣手

方药、针灸治不好的病也不用担心,华佗还擅长外科开刀手术。华佗先让病人用酒送服下麻醉药(麻沸散),病人麻醉后不会因为疼痛而乱动,保证手术能顺利进行下去。他做过的外科手术,文献有记载的就有四次,两次腹腔手术、一次骨科手术、一次放血术,手术都非常成功。

创制麻醉药

早在汉代以前，就有人发现了某些草药具有麻醉性能。华佗认真总结前人经验，经过无数次的尝试，最终发明了"麻沸散"这种麻醉药。华佗是医学史上第一个使用全身麻醉术的人，比欧洲人早了约1700年。可惜麻沸散后来失传了。

发明五禽戏

华佗不仅善于治病，还很重视养生和保健。他参考古代道家的导引术，模仿虎、鹿、熊、猿和鸟五种动物的动作，编成一套健身操"五禽戏"。唐代时五禽戏非常流行，柳宗元有诗写道："闻道偏为五禽戏，出门鸥鸟更相亲。"

鸟戏　猿戏　熊戏　鹿戏　虎戏

※※华佗给关羽刮骨疗毒

关羽刮骨疗毒是《三国演义》里的一个脍炙人口的故事。历史上确有其事，但主刀的不是华佗，他早在关羽做刮骨手术前几年就已经去世了。但是这件事侧面说明了人们对华佗的崇敬。

药王孙思邈

孙思邈（miǎo）是唐代著名的医药学家，他自幼立志学医，长期刻苦钻研医学，著有《千金方》。孙思邈不但医术高明、医德高尚，而且养生有道，活了100多岁。

孙思邈先写成《千金要方》，后又增补药方写成《千金翼方》，两书合称《千金方》。

医书传千古

孙思邈一生致力于研究药物和收集药方，常年亲自采药、制药。他在《千金方》中收录药方7500多首，记载了800多种配制方剂常用药物的使用方法，对其中200多种药物的采集和炮制作了详细论述，被后世称为"药王"。书中有许多创新：第一个治疗脚气病，第一个发明导尿术，第一个倡导建立妇科和儿科，第一个将美容药推向民间……

※※救老虎

传说孙思邈一次夜间出诊的时候，遇到一只老虎向他"求救"。他仔细一看，发现老虎被骨头鲠住了，便帮老虎治疗，取出骨头。之后，老虎为了报恩，成为他的坐骑。

医德铸美名

孙思邈认为医生应该以解除病人的痛苦为唯一职责，对各种身份的病人应一视同仁。他提倡医生治病时，不能借机索要财物。皇帝让他出来做官，都被他婉言谢绝了。他常年坚持在民间治病救人，是我国医德思想的创始人。

药典《本草纲目》

相传上古时"神农尝百草",从此开始有了药物学。写于东汉前期的《神农本草经》是现存最早的药物学专著;南北朝的《本草经集注》,首创按照药物自然属性分类的方法;唐代的《新修本草》,开创图文对照编写形式;宋代的《证类本草》,开始收载药方;最后的集大成之作是明代李时珍的《本草纲目》。

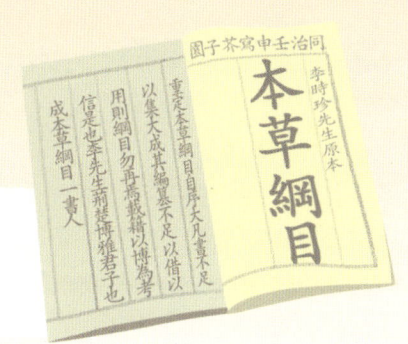

丰富的药物大百科

李时珍搜集整理了几百种医药书,长期实地考察,采集药物样本,花费27年时间完成《本草纲目》。全书约190多万字,共记载药物1800多种,比前人所记载的多370多种;收录药方11000多首,比前人所收录的多4倍;还附有1100多幅药物形态图。

升级的药物分类法

《本草纲目》打破《神农本草经》以来的分类法,对各种药物进行了新的分类,分为16部60类。这16部按照从无机到有机、从低等至高等的次序排列,体现出进化论思想;在每一部中,又按照生物的自然属性进一步划分。这种更为先进的分类体系,比西方林奈的生物分类法早了近200年。

人痘接种术

1977年，全球最后一名天花患者被治愈。危害人类数千年的天花，成为人类彻底消灭的第一种传染病。回顾人类和天花的斗争史，中国人发明的人痘接种术起到了很大的作用。

天花的极大危害

天花病发时，病人体温迅速升高，在皮肤上迅速长出一群豆形的疱（pào），所以也叫痘疮。天花通过接触或飞沫传染，传染性极强，死亡率极高，对人类危害极大。天花肆虐人间至少3000年，多次酿成大流行，全世界约有5亿人死于该病。东汉初年，天花传入我国，伏波将军马援南征的军队中爆发过天花，导致了大量死亡。

接种思想的萌芽

晋代医学家**葛洪**第一次在书中记录了天花，还提出治疗天花的方法。后来人们逐渐发现，得过天花的人如果痊愈了，就终生不会得天花了。于是，预防天花就成了研究重点。

有人提出，让正常人感染轻微的天花病毒（接种）从而获得免疫力，这是最早的疫苗思想。起初，有的医生让被接种者穿上天花患者的内衣，这叫痘衣法。有的医生把蘸有新鲜痘浆的棉球塞入被接种者的鼻孔，这叫痘浆法。这些直接利用患者病毒（生苗）的方法，风险都比较大。

人痘术的发明

至少在唐代，制作低毒性的人痘来接种的方法就出现了。为了降低病毒毒性，人们把痘痂研磨成粉末，再多次培养，这样制成的人痘（熟苗）安全性大大提升。据说，北宋初年宰相王旦的孩子得了天花，为预防天花大规模传播，有位峨眉山的道人就来到都城接种人痘。而到了明代时，人痘接种术已经很成熟了。到了清代，康熙皇帝在全国大力推广人痘接种术，中国人天花的患病率大幅度降低。

源于人痘术的牛痘术

人痘接种术逐渐传到亚洲其他国家和欧洲各国，使得无数生命免受天花的危害。受人痘术的启发，英国人爱德华·詹纳在1796年发明了更为简便、安全、有效的牛痘接种术，很快在世界各国推广开来。

我再也不怕痘疮啦。

※※中国战胜的四种传染病

鼠疫： 1910冬，东北爆发鼠疫，伍连德发明的"伍氏口罩"对控制这场疫情起到重要作用。

血吸虫病： 1952年，全国开展爱国卫生运动。几年后，基本消灭血吸虫病。

脊髓灰质炎： 1960年，顾方舟发明"脊髓灰质炎活疫苗"，帮助中国消灭了脊髓灰质炎（俗称小儿麻痹症）。

疟疾： 20世纪70年代，屠呦呦发现青蒿素并研制出抗疟疾的新药，我国于2017年首次实现了本土疟疾清零。

附录 中国古代自然科学大事统计图

通过本书，我们从四个领域（天文学、数学、物理学、医学）了解到我国古代科技所取得的辉煌成就。要想更直观地认识我国古代科技的成就，我们可以打破学科限制，从整个历史发展进程来看我国古代科技。

由卢嘉锡主编的《中国科学技术史》把中国科学技术史划分为若干阶段：萌芽、积累、奠基、体系形成、充实、提高、高峰、缓滞，从中可以看出中国古代科技发展的起伏进程。

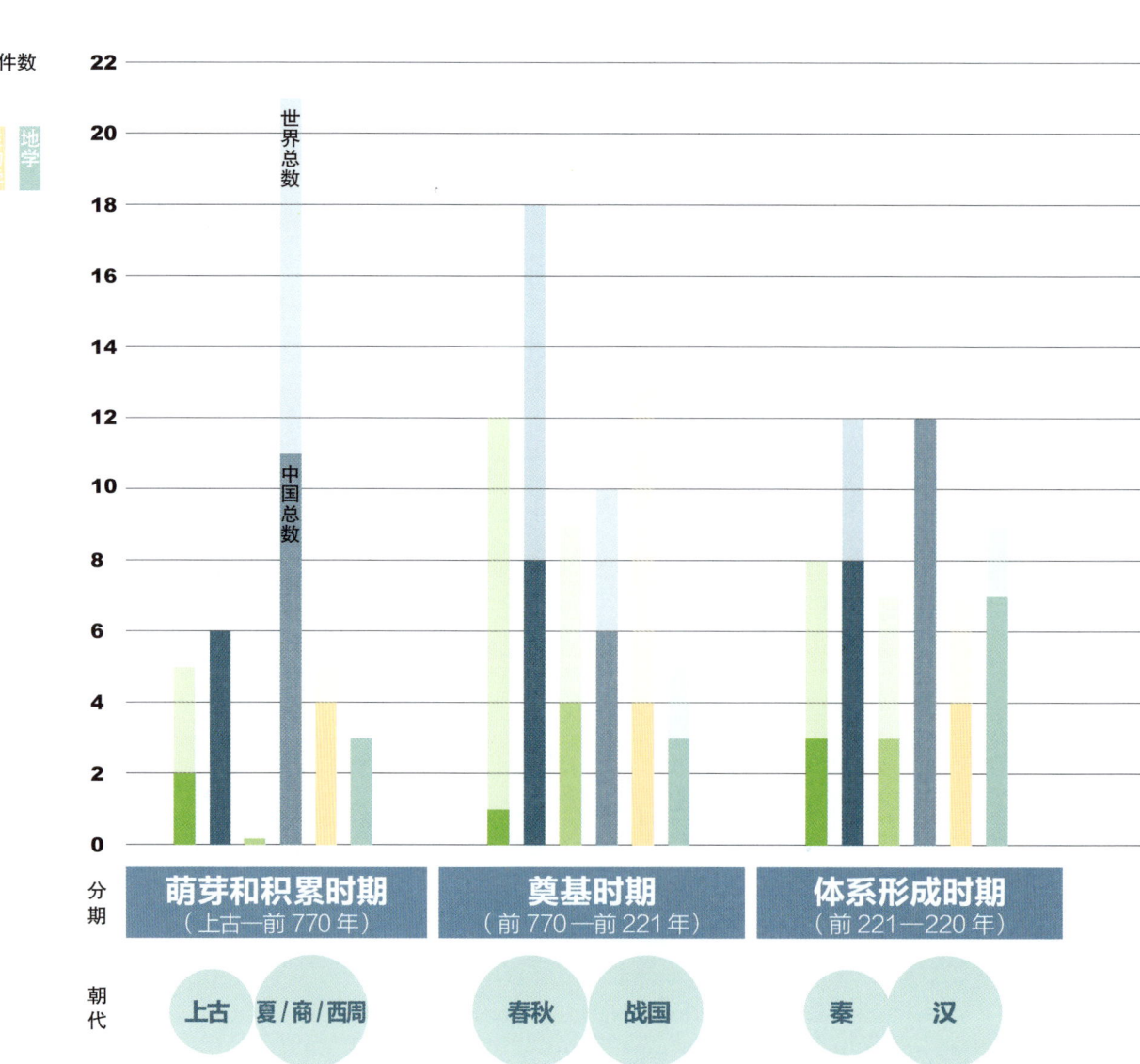

1975年出版的《自然科学大事年表》梳理了几千年来全球范围的自然科学大事，并归纳至六个领域：数学、天文学、物理学、化学、生物学、地学。从中可以看出中国古代科技对世界的影响，以及中外科技创造力的对比。

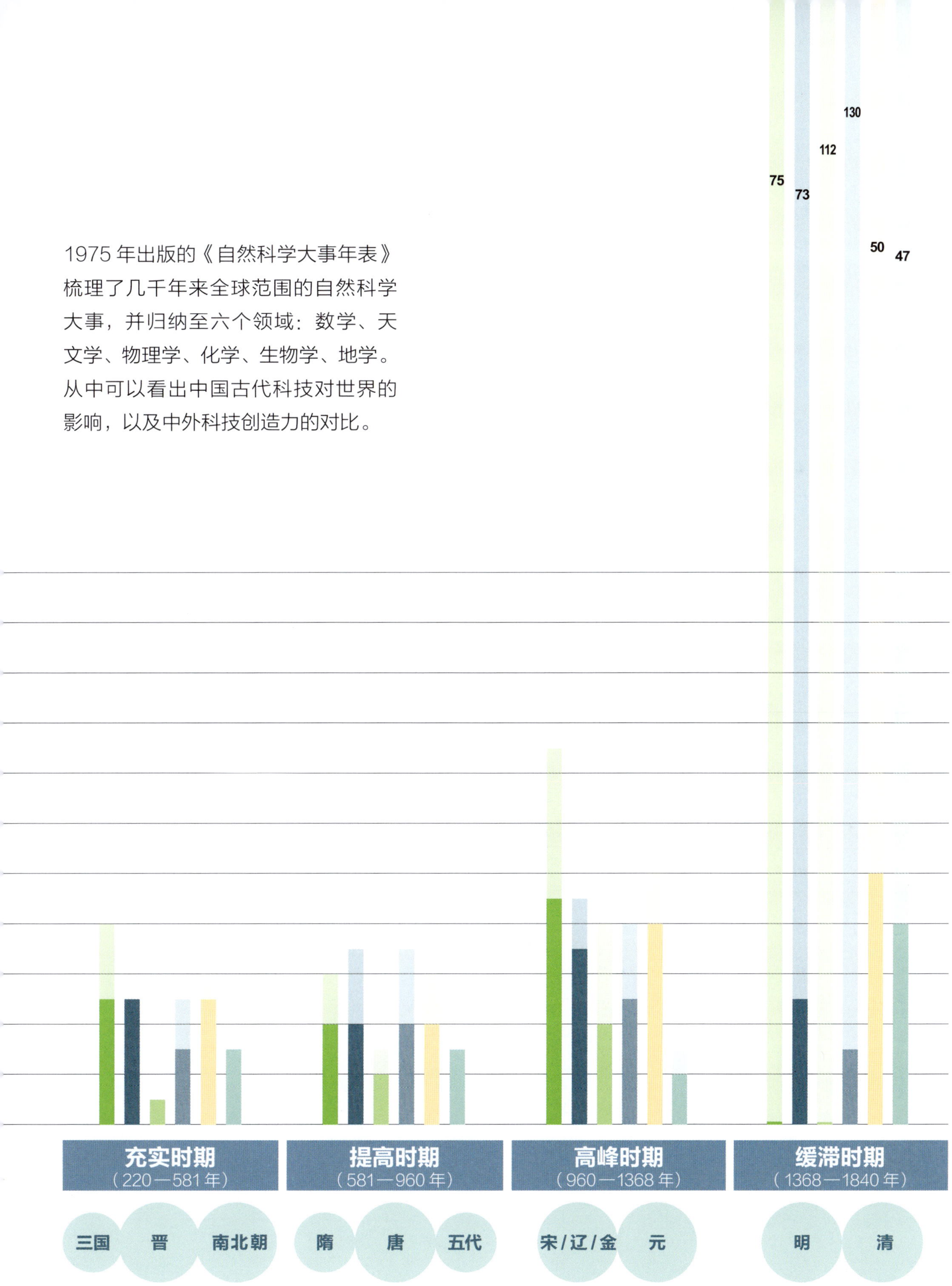

75　73　　　130　112　　50　47

充实时期	提高时期	高峰时期	缓滞时期
（220—581年）	（581—960年）	（960—1368年）	（1368—1840年）

三国　晋　南北朝　　隋　唐　五代　　宋/辽/金　元　　明　清

参考书目

[1] 中国科学院自然科学史研究所.中国古代重要科技发明创造[M].北京：中国科学技术出版社，2016.

[2] 中华人民共和国教育部.义务教育数学课程标准（2022年版）[S].北京：北京师范大学出版社，2022.

[3] 黄金贵.中国古代文化会要[M].杭州：浙江大学出版社，2016.

[4] 江晓原.中国科学技术通史[M].上海：上海交通大学出版社，2015.

[5] 齐世荣.义务教育教科书 中国历史 七年级 上册[M].北京：人民教育出版社，2016.

[6] 齐世荣.义务教育教科书 中国历史 七年级 下册[M].北京：人民教育出版社，2016.

[7] 卢嘉锡，陈美东.中国科学技术史：天文学卷[M].北京：科学出版社，2003.

[8] 吴守贤，全和钧.中国古代天体测量学及天文仪器[M].北京：中国科学技术出版社，2013.

[9] 吴文俊.中国数学史大系（第二卷）[M].北京：北京师范大学出版社，1998-2000.

[10] 卢嘉锡，戴念祖.中国科学技术史：物理学卷[M].北京：科学出版社，2001.

[11] 潘吉星.中国火药史（插图珍藏版）[M].上海：上海远东出版社，2016.

[12] 卢嘉锡，廖育群等.中国科学技术史：医学卷[M].北京：科学出版社，1998.

[13] 张成博，程伟.中国医学史[M].北京：中国中医药出版社，2016.

[14] 《自然科学大事年表》编写组.自然科学大事年表[M].上海：上海人民出版社，1975.

[15] 钱斌.千年一笔谈[M].北京：商务印书馆，2012.

理清时间线 文史特简单

④ 技术的力量

钱 斌　周国宝　著

中国轻工业出版社

丰硕的发明成果和工程成就是由专家巨匠创造的
15 位专家巨匠，在本书中都有提到
以下索引，方便你更快了解你喜爱的专家巨匠

32　欧冶子／春秋／铸造技术
54　鲁班／春秋／木作技术
46　李冰／战国／水利工程
31　杜诗／东汉／机械技术
39　蔡伦／东汉／造纸技术
16　马钧／三国／机械技术
23　贾思勰／北朝／农业技术
45　李春／隋代／桥梁工程

12　陆羽／唐代／农业技术
40　毕昇／北宋／印刷技术
37　黄道婆／元代／纺织技术
52　郭守敬／元代／水利工程
29　宋应星／明代／农业和手工业技术
53　白英／明代／水利工程
54　雷发达／清代／建筑工程

目录

- 06 导读 ※ 技术创新永无止境

- **08 中国古代农业年表**
- 10 粮食作物
- 12 经济作物
- 14 耕种农具
- 16 灌溉农具
- 18 加工农具
- 20 养殖业的兴起
- 22 副食品的加工

- **24 中国古代手工业年表**
- 26 琢玉和髹漆
- 28 制盐技术
- 30 冶炼技术
- 32 铸造技术
- 34 制瓷技术
- 36 纺织技术

- 38 造纸技术
- 40 印刷技术
- 42 造船技术

- **44 中国古代工程年表**
- 46 都江堰
- 48 万里长城
- 50 秦陵铜车马
- 52 大运河
- 54 紫禁城

- 56 附录 ※ 中国古代重要科技发明创造一览表
- 58 参考书目

大胆创新,
让技术的海洋百舸争流,世界因此更精彩。

导读 ※ 技术创新永无止境

有人说，懒惰带来技术创新，我并不驳斥这个观点。的确，人类一直在借助大自然的力量，比如用畜力、水力、风力代替人力。但是我觉得，实用主义才是技术创新的源泉，攀登精神才是技术创新的动力。

创新推动历史

在几千年的历史长河中,勤劳、智慧的中国人,大胆创新,不断发明,并且勇于突破,持续改进。

比如水稻栽培技术,一万年前驯化了野生稻,商代用来做米酒,秦代拿来砌长城,汉代学会了移栽,北朝掌握了烤田,唐代开创了耘田,宋代发明了秧马,明代种双季稻,清代有御稻种,当代袁隆平发明了杂交水稻。

再比如陶瓷制作技术,汉代琢磨不断降低釉中杂质,唐代设法在胎上绘出彩来,宋代学会在釉中添加矿物控制釉色,明代开始釉上设色,清代的瓷色应有尽有。

发明何止四个

说起中国古代科技的成就,人们最先想到的往往是"四大发明"——造纸术、印刷术、火药、指南针。但是,中国古代的发明创造显然要比这丰富得多。2008年,中国科技馆开设了"奇迹天工——中国古代发明创造文物展",丝绸、青铜、造纸印刷和瓷器成了重点展示的"新四大发明"。

2013年,中国科学院自然科学史研究所成立"中国古代重要科技发明创造"研究组,经过三年严谨的论证,选定了88项重要发明创造,入选的门槛极高——原创性很强,时间性优势,影响力巨大。

一起看懂古代技术

为了展示中国古代科技的繁荣景象,本书分农业、手工业、工程三章共21项,逐项介绍古代技术的发展轨迹,引导小朋友们轻松看懂古代技术,在心中种下创新的种子。

注:"中国古代重要科技发明创造"中与科学发现相关的条目,在本套书的《科学的进阶》分册中介绍。

中国古代农业年表

中国是世界农业起源的中心之一。在上万年的农业发展历史中，中国形成了系统而成熟的农业科技，从粮食作物到经济作物，从谷物种植到农产品加工，从种植业到畜牧业，中国农业技术的发展为人类作出了重要的贡献。

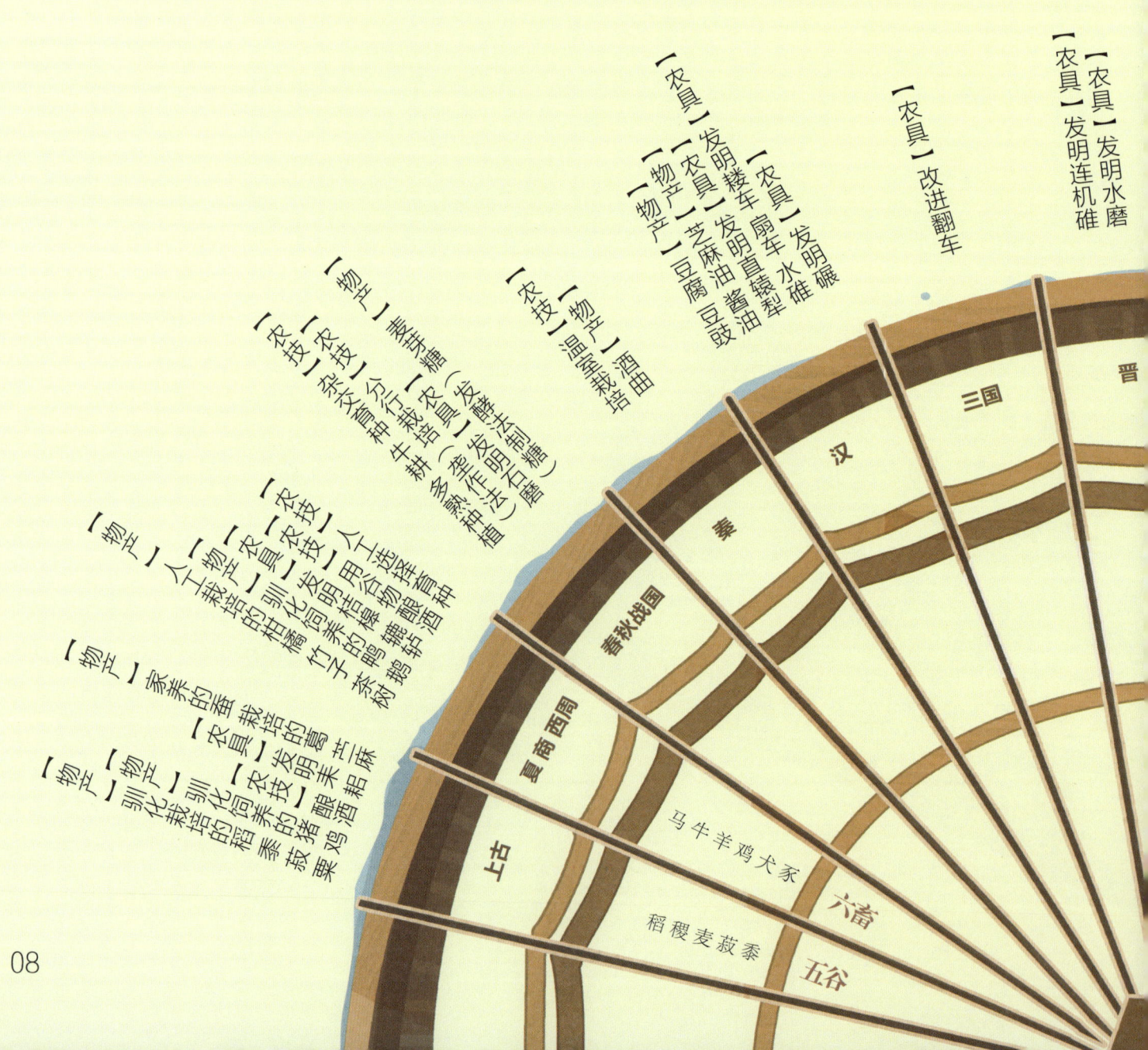

※※ 四大农书

[北朝] 贾思勰《齐民要术》
[元] 王祯《农书》
[明] 徐光启《农政全书》
[明] 宋应星《天工开物》

粮食作物

中国是世界上三大农业起源地之一。在上古时代,古人首先驯化培育了稻、粟(sù)、黍(shǔ)、菽(shū)等粮食作物,在漫长的作物栽培历史长河中,积累了丰富的栽培经验。

※※ 稻

即水稻,去壳后叫大米,现在是世界第一大粮食作物。大约一万年前,长江流域比现在还要温暖、湿润,古人驯化野生稻,开始种植。

谷物的培育

我们常说"五谷丰登""五谷杂粮","五谷"到底是哪些谷物呢?一般是指稻、稷(jì,一般指粟)、麦、菽、黍五种主粮。其中除麦以外的四种谷物均起源于中国,稻、粟、黍的栽培与传播更是丰富了世界餐桌,为人类文明进程作出了重要贡献。

※※ 粟

即谷子,去皮后叫小米,宋代以前一直是我国北方的主粮。粟源于狗尾草,一万年前,古人已经开始了对粟的驯化。

※※菽

即大豆，是重要的油料和饲料作物之一。8000年前，古人开始驯化一年生的野生大豆，经过几千年的选育逐步出现明显的驯化特征。战国时期，大豆上升为主粮，汉代以后主要用来制作豆制品、榨油、酿造酱油。

分行栽培

※※黍

即糜子，去皮后叫黄米，是商周时期的主粮。糜子虽然很耐旱，但因为产量难以提高，地位后来被"粟"和"麦"取代。

产量的突破

古人很早就认识到农作物种子的重要性，不断探索，最晚在西周时，已经开始人工选择育种。到了春秋时期，发现了杂种优势，开始**杂交育种**。当代科学家袁隆平发明的杂交水稻，体现了先进的育种技术。

早期的栽培采用撒播或点播，至迟在春秋时期，古人就开始了**分行栽培**，而欧洲直到18世纪才使用这项技术。这种栽培方式起垄开沟，既方便通风、透光、锁水，也便于农民除草、施肥、收割。

古人很早就在琢磨增产的事。一个重要的途径是提高土地的年利用率，这就是**多熟种植**技术，有复种、间作、混作、套作多种形式。古人早在战国时期就已经实行多熟种植，欧洲直到18世纪还在通过休耕来恢复地力。

多熟种植

经济作物

除了作为主食的粮食作物,还有许多经济作物,比如葛、麻、茶、竹、柑橘等,也是我们的祖先最先认识利用、驯化栽培的。

葛和麻 ※ 衣服好材料

葛是藤本植物,根可以入药,也可以充饥。麻有苎(zhù)麻、亚麻等很多种。葛和麻都是我国古代重要的服装原料,因此很早就被人工栽培,广泛种植。

野生的苎麻经过古人不断地驯化,产量越来越高,麻皮的韧性越来越强。战国时,苎麻就已经大面积种植。如今,苎麻的主要种植区依然在中国,在国际上称为"中国草"。我国用麻织布的历史非常悠久,在4700多年前的古遗址里,就出土过苎麻布和细麻绳。轻如蝉翼的苎麻布至今依然是深受欢迎的夏季衣物材料。

苎麻

刮麻

茶叶 ※ 解毒好饮料

中国是茶的原产地和故乡。早在6000多年前,长江下游的古人就已经开始种植野生茶树了。据说神农尝百草时发现了茶可以解毒。唐代**陆羽**写的《茶经》大大推动了饮茶时尚,茶文化逐渐形成,茶树栽培也开始变得越发精细。唐末用直播法栽培茶树,据说只需三年即可采茶。明清时期开始采用移栽法栽培茶树,还采用了无性繁殖的压条法。

> 采满一筐又一筐,
> 山前山后歌声响。

茶园

竹子 ※ 用途极广的速成材料

中国是世界上认识和利用竹子最早的国家。上古时代，竹就被用于建房屋、编竹篮。商周时期，开始人工栽培竹子。此后，竹子因为成长快、繁殖快，被广泛地用于生活的各个方面，如竹笋、竹筏、竹筷、竹笛。竹简是战国至魏晋时期重要的书写材料。晋代人还写了一本《竹经》，竹子逐渐被赋予了丰富的文化内涵，成为"四君子（梅兰竹菊）"之一。

竹园

编制竹制品

柑橘 ※ 产量极高的美味水果

柑橘如今是全世界产量最多的水果，营养丰富，酸甜可口。中国是最早对柑橘进行驯化栽培的地区，早至东周，长江流域的古人就已经开始将柑橘用作贡品。春秋时期，柑橘成为楚地的重要经济支柱。晋代利用黄猄蚁防治柑橘害虫，隋代采用"以蜡封蒂"来保鲜，都具有开创意义。到唐宋时期，柑橘种植在江浙、四川等地形成产业，整枝、除虫、采果、贮藏等技术相当先进。宋元时，柑橘栽培技术由阿拉伯人传入西方，后来又扩散到世界各地。

柑橘树

耕种农具

播种是农业的第一个环节，要想更省力、省事，必须要研究耕地工具和播种工具。我国古代的耕种农具经历了一个不断丰富发展的过程：在材质上，由木石发展为青铜、铸铁；在动力上，由人力发展为畜力、水力。

耕地用的农具

播种前要先翻土，让土壤蓬松平整，另外还需要开沟以便排水。据说早在神农氏时期，就发明了耒（lěi）和耜（sì）来翻土。后人不断改进农具：材料上，从木制到石制，再到铁制，越来越锋利；结构上，耜冠从直立到倾斜，再演变为犁，越来越便捷；动力上，从人力到畜力，从多牛到单牛，越来越省力。

在田地两头分别设立一个人字形的木架，每个木架各装上一个辘轳（lù lu，详见16页）。

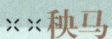

用耒翻土

✕✕ 秧马

水稻种子发育成秧后，需要拔出秧来稀疏插栽。宋代被广泛使用的秧马，是移栽时的好帮手。秧马形似小船，头尾翘起，人坐中间在水田滑来滑去。拔秧和插秧时，秧马既省力，又减轻了弯腰之苦。

拔秧时： 可将拔起的秧苗捆好后放于船后舱中，两脚和臀部向前拱一下，秧马就向前滑行。

插秧时： 可将秧苗放在船头上，以双脚使秧马逐渐向后挪动。

中间一人扶犁。

两头各一人,交替转动
辘轳带动犁耕地。

两个辘轳间用绳索相连,
绳索中间环钩着一具犁。

※※**代耕架**

当耕牛不够时,为了省力,唐代人利用轮轴原理和杠杆原理发明了代耕架,用人力旋转辘轳,带动犁前行。

播种用的农具

在平整好土地后,就需要开始播种了。现代播种机能一次完成四道工序:开沟、下种、覆土、压实。西汉人发明的耧(lóu)车能完成前三道工序(欧洲在16世纪出现播种机),大大提高了播种效率。最早的耧车是一脚耧,一次只能播种一行,后来甚至发展到四脚耧。宋元时,人们改良了耧车,播种的同时还能施肥。

※※**犁的演化**

①上古,耒(手犁)
单人使用。横木便于脚踏。耒冠便于破土,曲柄便于掀土。

②商代,耦(ǒu)耕
两人使用。倾斜的耒冠(犁的前身)便于用绳索往前拽。

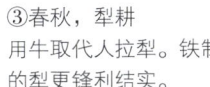

③春秋,犁耕
用牛取代人拉犁。铁制的犁更锋利结实。

④西汉,直辕犁
常用二牛抬杠。犁壁能有效翻土(比欧洲早1000年)。

⑤唐代,曲辕犁
常用一头牛牵引。曲辕便于控制入土深浅,回转灵活。

灌溉农具

地里的庄稼在生长过程中离不开水,这就经常需要灌溉,补充天然降雨的不足。历朝政府都重视兴修陂塘、堰坝、水渠等水利工程。但是要把水渠里的水输送到地势较高的地里,就需要发挥聪明才智,制造灌溉工具了。

桔槔(jié gāo)

桔槔 灵活提水

早在商代,人们就发明了利用杠杆原理取水的桔槔,春秋时已普遍用于灌溉。在一根竖立的架子上安装一根横杆,横杆前端悬挂水桶,末端悬挂重物。将水桶打满水后,借助杠杆力量提起来,然后推拉至田地旁倾倒,这样很省力。

辘轳 深井提水

桔槔只能取浅处的水。周代时演化出的辘轳,将杠杆和轮轴原理相结合,可以从深井里取水,用于日常生活和小规模灌溉。在水井边竖起两根架子支撑起轮轴,绳子前端拴住水桶,绳子末端绕过轮轴,用手拉绳提水很省力。汉代以后开始出现手摇曲柄辘轳。农村至今仍然可见到用辘轳取水。

辘轳

深井

翻车 连续提水

东汉时,有人制造了可以从低处取水的洒水车浇路。三国时,**马钧**改进了翻车,让它能灌溉。翻车利用齿轮和链传动原理来取水,可以连续地将低处的水提升到高处,灌溉效率大大提高。遇到涝灾时,翻车还可以用来排水。翻车的动力,最初有人力手摇、脚踏转动,后来还有畜力、水力、风力等,每一种都是很有创造性的发明。

上轮

脚踏板

脚踏翻车既轻巧又便于操作,我国南方农村直至近现代仍然在广泛使用。

长槽

筒车 水力提水

唐代时，人们在翻车的基础上发明了筒车，是一种借助水流冲击力的引水机械。它立于河渠水中，水流冲击水轮，带动取水竹筒转动倒入水槽，再去灌溉。因为无须人力，结构简单而且造价低廉，筒车在宋代已广泛流行，直到近现代仍被使用。

筒车主要适用于水流比较急的地区，虽然效率较低，但是完全不用人力。

水槽

竹筒

木轮

木架

流水

地势较高的田地

地势较低的河道

① 木链条　② 刮水板

立轴大风车

风力翻车利用自然风力提水，在多风的沿海地区，用于灌溉和制盐。为风力翻车提供原动力的立轴大风车发明于宋代，它的巧妙之处在于不受风向改变的影响，风车总是有规律转动，带动翻车快速旋转。

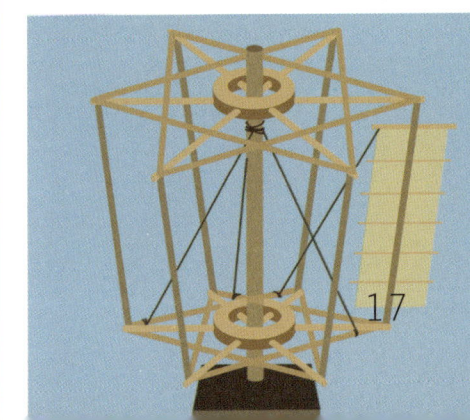

加工农具

收割的小麦变成碗里的面条，至少还需要五步：脱粒、去杂、去皮、磨粉、烹饪。各种粮食都需要类似的加工过程，我们的祖先发明了多种工具，来提高加工效率。

脱粒※石碌

把农作物的秸秆和籽分离的过程叫脱粒。最早的方法就是直接摔打，或者用梿枷（lián jiā）拍打。石磙（gǔn）是一种让谷物脱粒的加工农具。早在汉代，人们就用牛拉动石磙做圆周运动，反复碾（niǎn）压谷物，很省人力。

去杂※扇车

碾下来的谷物，混杂有空壳、草尘等杂物，必须要分离开。起初，我们直接把谷物扬起来，借助风力可以吹走比较轻的杂物。西汉时，人们发明了扇车，可以通过手摇扇轮"造风"，而且能控制风向和风力。大型扇车还能给谷物分类——饱满的颗粒因为较沉而从较近的出口飘落，普通颗粒从稍远的出口飘落，空壳从最远的出口飘落，草尘则飘出扇车外。

有四个碓头的连机水碓

去皮 ※ 水碓

麦粒有皮，稻粒有壳，都需要去掉。人们用石头做成臼（jiù），放入谷物后用杵来捣，再用筛子筛出捣碎的皮（麦麸）或壳（稻糠），就得到干净的谷物了。这种办法费力而且效率低。汉代时，人们发明了借助水力给谷物去皮、去壳的水碓（duì），是我国最早使用水轮的机械。晋代时还出现了连机碓，一个水轮带动多个碓头。另外一种工具石碾，也可以用来去皮、去壳、磨碎谷物。

磨粉 ※ 石磨

早期，人们直接用麦仁做饭。由于麦仁嚼劲大，因此磨成面做食物口感更好。战国时，人们发明了圆形旋转石磨，古代中国由此开创了面食时代。西汉时石磨已可以用畜力来驱动，魏晋时期出现了利用水力的水磨。

推磨拐磨，推磨拐磨……

石磨分上下两扇，中央装一短轴，套合在一起，下扇固定，上扇绕轴在下扇上转动。

养殖业的兴起

作为世界农业的起源中心之一,中国有着悠久的野生动物驯养历史,很多家养动物都起源于中国,如六畜(马、牛、羊、鸡、犬、豕)中的猪、鸡。此外,养蚕技术也起源于中国。

猪 ※ 中国最主要的家畜

猪是人类最早驯化饲养的家畜之一,是古人最重要的肉食来源,还为人们提供了油、皮等重要的生活物资。大约 8500 年前,中原地区的人们首先将野猪驯化为家猪。7000 年前,猪成为数量最多的家养动物。商周时期,古人开始给猪做阉割手术,提高了猪种选育水平。魏晋以后,猪的饲养规模开始萎缩。到了明代,猪成功"逆袭",再次成为数量最多的家养动物,猪肉成为人们最主要的肉食,直到今天。

野猪驯化前后的体型对比

野猪 前躯 70% 后躯 30%

原始家猪 50% 50%

现代家猪 35% 65%

用蚕沙喂鱼

用塘泥给桑树施肥

鸡 ※ 中国最主要的家禽

鸡是世界上分布范围最广的家养禽类,为我们提供了鸡肉和鸡蛋。它的祖先是野生红原鸡,大约8000年前,中国西南地区的人们驯化了红原鸡。商代时,鸡已经是普遍饲养的家禽。汉代,养鸡方式由放养法变为圈养法。

蚕 ※ 天下神虫

蚕以桑叶为食物,是我国古代最主要的经济昆虫之一,蚕丝是纺织的主要原料之一。我国是世界上最早发明养蚕的国家,上古就有嫘(léi)祖养蚕的传说。商代,栽桑养蚕初具规模。周代,已经开始在室内养蚕,养蚕织丝是当时妇女的主要生产劳动。汉代开通丝绸之路,我国的蚕桑养殖和纺织技术逐渐传到中亚和欧洲。唐宋时期,蚕桑生产达到了鼎盛。明代,采用杂交方法育种,提高了蚕的防病能力,这是养蚕技术上的一大创造。

※※桑基鱼塘养殖模式

明代时,珠江三角洲的农民创造了桑基鱼塘养殖模式,开塘养鱼,用开塘挖出的泥土培基栽桑,用桑叶养蚕,再用蚕沙(蚕粪)喂鱼。这种充分利用自然资源的生态农业模式,值得推广。

用桑叶养蚕

副食品的加工

副食品是粮食作物之外的食物，比如油、糖、醋、酒，古人借助发酵（jiào）等技术，发明了这些食品，满足多元化的食物需求。

熬制麦芽糖

制糖※麦芽糖和蔗糖

古代的糖主要有蜂蜜、麦芽糖、蔗糖三种。麦芽糖又叫饴，早在春秋战国时期就已出现，是把发芽的小麦（预先捣烂）和煮熟的糯米放在一起加水拌匀，让其发酵分解糖分，再通过熬制制成糖稀。

蔗糖的原材料起初主要是甘蔗，成品包括冰糖、红糖、白糖等。唐代时，中国从印度引进制糖技术，并发明了滴漏法，可以制取出纯度更高的白糖。

※※酿酒步骤

①浸米蒸饭

②摊晾冷却

③落缸发酵
将水、饭、麦曲放入缸内拌和，进行发酵。

④二次发酵
用木耙搅拌，进行二次发酵，提高酒的品质。

点卤 ※ 豆腐

汉代，大豆被加工做成豆豉（chǐ）、豆芽、豆酱、豆腐等食品，至今食用不衰。尤其是豆腐，营养丰富，滋味鲜美，成本低廉，是我国古代饮食领域的一项重要发明。相传，西汉时淮南王刘安发明了豆腐。豆腐制作的关键是让豆浆凝固起来，通常用熟石膏作为凝固剂，这个过程叫点卤（lǔ）。宋代，豆腐成为很常见的食物，做法花样百出。

豆腐点卤

榨油 ※ 芝麻油

动物油脂"膏"可以直接烹饪，是先秦时期的食用油。植物油脂需要特别的工艺才能提取。汉代，在石磨发明后开始出现植物油，最初主要用来助燃，到魏晋时开始用于做菜。芝麻是早期植物油的主要原料，经过炒熟、碾碎、火蒸、包饼、排榨等过程，就能榨出油。

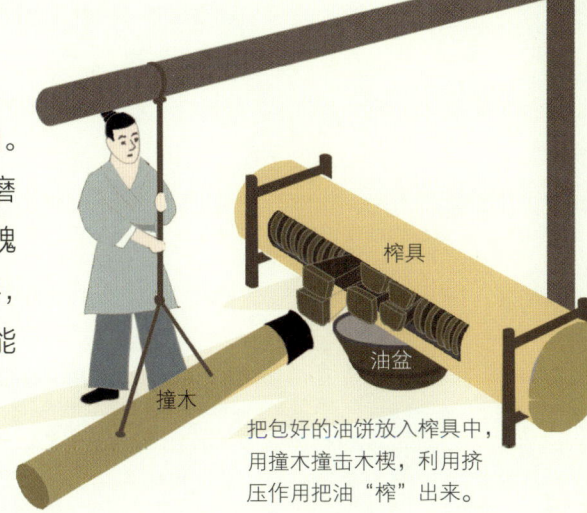

把包好的油饼放入榨具中，用撞木撞击木楔，利用挤压作用把油"榨"出来。

酿造 ※ 酒、醋、酱

酿造利用的是发酵原理。我国有夏代杜康造酒的传说，但是考古发现，8000 年前，黄河中游的人们就会酿果酒了。到了商代，随着农业生产的发展，用谷物酿酒更为普遍——让谷物发霉滋生微生物，微生物分解谷物成分形成酒精（这个过程叫发酵）。秦汉时，人们预制出含有这种微生物的载体，也就是酒曲，大大提高了酿酒速度和工艺质量。北朝的农学家**贾思勰**在《齐民要术》里系统介绍了酿酒技术。元代以后，引进蒸馏法，中国白酒开始进入高度酒时代。

借助发酵，古人还学会了酿醋、酱油、豆豉。

⑤压榨分离 通过压榨将酒液和酒糟分离。

⑥煎酒消杀

⑦灌坛封存

中国古代手工业年表

中国古代农业文明高度发达，科技水平领先于世界，极大地推动了手工业生产的发展。中国古代手工业历史悠久，早在夏代便已经从农业中分离出来，成了独立的生产部门。古代手工业生产技术高超、工艺精湛、产品质量优良，长期居于世界前列，有过许多重要的发明创造，对人类文明产生了重大影响。

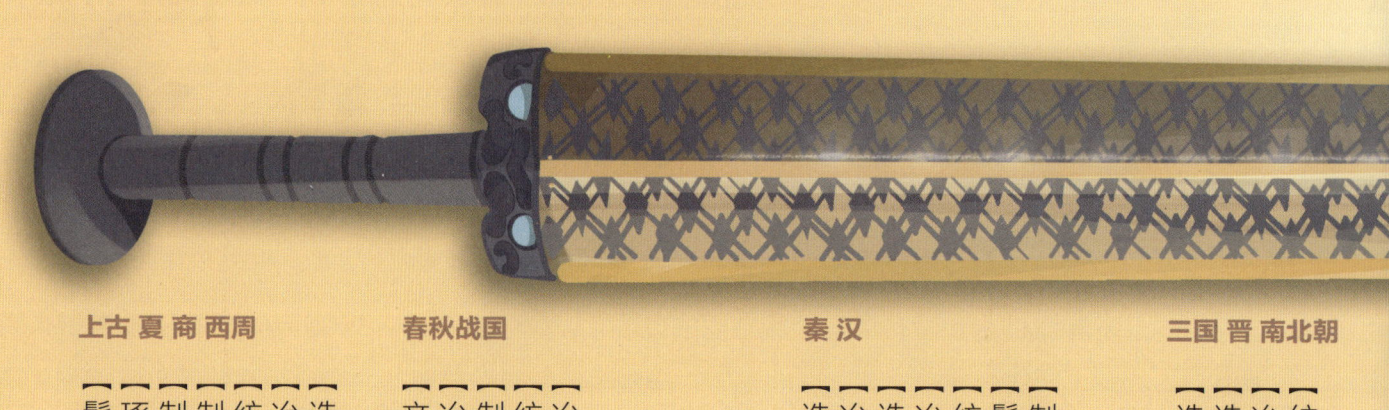

上古 夏 商 西周
- 造船：发明手摇船桨
- 冶铸：块范法冶炼青铜
- 纺织：缫丝，发明了纺锤和腰机
- 制盐：煮盐
- 制瓷：出现原始瓷器
- 琢玉：玉器制作工艺
- 髹漆：漆器髹饰工艺

春秋战国
- 冶铸：块炼铁、生铁冶炼技术；失蜡法、叠铸法
- 制盐：钻井取盐
- 纺织：踏板织机、手摇纺车
- 冶铸：铸造曾侯乙编钟、越王勾践剑、青铜弩机
- 文献：《考工记》（各工种规范与工艺）

秦汉
- 造船：发明船橹
- 冶铸：煤成为冶铁燃料，铸造新莽铜卡尺、马镫
- 造纸：浇纸法，淬火技术，炒钢法、百炼钢
- 纺织：脚踏纺车、斜织机，花楼机，流行汉锦
- 髹漆：马王堆漆器为汉代漆器精品
- 制瓷：青瓷技艺成熟

三国 晋 南北朝
- 纺织：蜀锦闻名天下
- 冶铸：灌钢法
- 造纸：纸逐渐取代简牍，成为主要写作载体
- 造船：水密舱壁

×× 小游戏

下图这把越王勾践剑，是春秋时期的青铜兵器，剑刃锋利，纹饰精美，刻字清晰，镶有宝石，被誉为"天下第一剑"。请找出这把宝剑运用了哪几项手工技术。

隋唐五代

【造纸】宣纸

【纺织】印染业发达，缂丝技术，流行唐绫

【制瓷】南方青瓷，北方白瓷

【冶铸】普遍采用切削、抛光、焊接等工艺，皮囊鼓风

【印刷】雕版印刷术

【造船】转轴舵（船尾舵），桨轮

宋

【制瓷】五大名窑

【印刷】活字印刷术

【纺织】脚踏缫车，水力大纺车，流行宋罗

【制盐】顿钻工艺（井盐深钻及汲制技艺）

【冶铸】双作用活塞式风箱

【文献】《营造法式》（建筑技术书籍）

元

【制盐】晒盐

【制瓷】釉下彩（青花）

【纺织】黄道婆发明轧花机、弓式弹棉机，改进纺车和织布机

【印刷】套版印刷术、轮转排字法

明

【造纸】以竹纸和宣纸最著名

【纺织】出现改机织物，棉花取代丝麻成为首要衣料

【冶铸】开始出现大型设备，炼铁炉与炒钢炉串联使用

【制瓷】釉上彩、颜色釉，斗彩

清

【制瓷】珐琅彩、粉彩

【纺织】多彩丝绸织花，多锭脚踏纺车，流行清缎

琢玉流程

① 开玉
锯掉包裹玉料的杂石，需用到钢丝条、解玉砂和水滴。

② 做坯
把玉料分解成块状（扎砣），再打磨掉边角（冲砣）、打磨成光滑表面（磨砣）。

琢玉和髹漆

距今七八千年前，古人就已经会比较熟练地制造工具，出现了原始手工业，比如磨制石器，烧制陶器，钻孔骨器，缝制兽皮。有两项技艺是中国古人所特有的，就是琢玉和髹漆。

③ 雕刻
用丁子磨琢花纹（上花）。复杂的器形还需要掏膛、打钻、透花、打眼等流程。

琢玉

古人在磨制石器时，发现了一些晶莹光洁、质地坚韧的漂亮玉石，于是人们开始有意发掘并制作玉器。制作玉器的过程叫琢玉。玉器被用来供奉祖先，也用来做配饰。

古人云：玉不琢，不成器。在四五千年以前，良渚人就会熟练运用开解、阴刻、钻孔、浮雕等技艺。比如良渚玉琮上2.5毫米宽度内竟然有13道刻纹，这是如何完成的，至今仍是个谜。后来琢玉的常用方法是，用硬度比玉更高的"解玉砂"，辅以水来碾磨玉石。正所谓"他山之石，可以攻玉"。明代《天工开物》详细描绘了用砣机制玉的流程。

④ 磨光
先用木砣给玉器表面磨光，再用皮砣抛光。

曾侯乙墓彩漆木雕鸳鸯形盒（化妆盒）：通体髹黑漆，用红漆与金色彩绘。

髹漆

古人发现了一种特别的树，树皮被割开后流出黏稠状的汁液，用它作涂料涂在物件上，能耐潮、防腐，还有美化作用。这种树被称为漆树，以漆涂物的手工技术就叫髹漆。生漆是黑色的，这也是"漆黑"一词的本源。在加入其他颜料后，可以调制成朱红、金色等多种颜色。

漆器是在木、竹、麻布等制成的胎骨模型基础上来制作的。战国后，由于轻便，漆器取代青铜器成为日常器皿。东汉后，青瓷兴起，实用漆器衰弱，但是装饰性漆器却迎来了发展良机。到了唐代，漆器工艺达到顶峰，剔犀、平脱、螺钿、雕漆，工艺繁杂。到了明清，装饰性漆器进入了全盛时期，建筑、家具、陈设等处处可见漆器。

※※主要漆器工艺

剔犀工艺

剔犀
在器物表面用红黑两色生漆轮番涂多层，再雕饰线条，刀口漆层似犀牛角肌理。

描金
把金银等贵金属化成染料，在漆器上绘制图案。

填漆
在器物上雕刻出图案的线条，然后把带有颜色的漆，填到线条的内部。

螺钿（diàn）
把螺壳碎片打磨成各种形状，镶嵌于漆器表面形成图案。

戗（qiāng）金
在光面漆器上雕刻花纹，在花纹的线条内部上漆，漆未干透时洒上金粉。

铜镜：镶嵌在木镜框里。镜框通体髹漆，背面采用螺钿工艺，用贝壳镶嵌出宴乐图。

制盐技术

人类离不开盐，但由于天然食材里缺少盐分，人类又爱出汗排盐，所以补充盐分就成了必不可少的事了。但是，盐不是哪里都有，古代农民可以种庄稼自给自足，却免不了买盐，因此长期以来，盐都是国家重要资源。应运而生的古代制盐技术，也充分展现了古人的勤劳智慧。

煮卤为盐

繁体"盐"字为"鹽"，有"在器皿中煮卤"之意，因为最初的盐就是海水煮出来的，这种制盐法古人形象地称之为"熬波"。

熬波不是直接熬煮海水，而是首先要获取原料卤——吸附有较多盐分的混合物，比如海滩沙土、海水浸过的草木灰。取卤后再用海水冲淋，得到含盐较高的卤水。把鸡蛋放在卤水中，如果能浮起来，那便是上好的浓卤水。接下来就把浓卤水放在大锅里使劲熬，一直熬到白花花的盐霜析出。

绞车
借助绳索牵引凿井工具或汲卤筒的动力设施。常用牛拉绞车。

晒海成盐

到了元代，福建沿海开始出现晒制海盐法，大大节省了燃料，至清代正式取代煮盐法。位于渤海湾的长芦盐场成了中国海盐生产中心，并延续至今。

怎样在海滩晒盐呢？步骤大概是这样的：在海滨预先挖出宽宽的潮沟，在沟的两侧建造由高至低 7—9 层的晒池。涨潮时，海水灌入潮沟，退潮后将沟中海水弄到最高层晒池，曝晒浓缩后，逐层往下引，一直引到最低层晒池。在此过程中可以不断估测卤水浓度，到了浓卤状态，趁着大晴天一顿暴晒，一颗颗盐粒便出现了。

钻井取盐

生活在海边的百姓有海盐,生活在内陆的百姓则有井盐。通过打井的方式,抽取地下盐卤制成的盐叫作井盐。井盐的生产工艺最为复杂,也最能体现中国人的聪明才智。明代科学家**宋应星**在《天工开物》里有详细记载。

四川自贡有着丰富的盐矿资源,早在战国末年,便开始开凿大口浅井,采集地下浅层盐卤。到了宋代,盐民们发明了冲击式顿钻凿井技术,凿出了数以千计的卓筒井,获取到更深处的盐卤。清道光年间,一口叫作"燊(shēn)海井"的盐井竟然深达1001.42米,创造了人类历史上第一口千米深井,四川的钻井技术远远领先于世界。

※ **凿井**

盐工利用人、畜等动力,使钻头通过重力破碎岩石,向地层深处钻井成孔,并不断捞出岩屑。深井还需要竹制的套管来保护井壁。

※ **提卤**

把一段十多米长的楠竹的竹节打通,在底部装上单向牛皮阀,就做成了汲卤筒。汲卤筒下井时,阀门被水压冲开,卤水进入筒内后,其压力自行密封阀门,然后借助畜力将汲卤桶提出盐井。

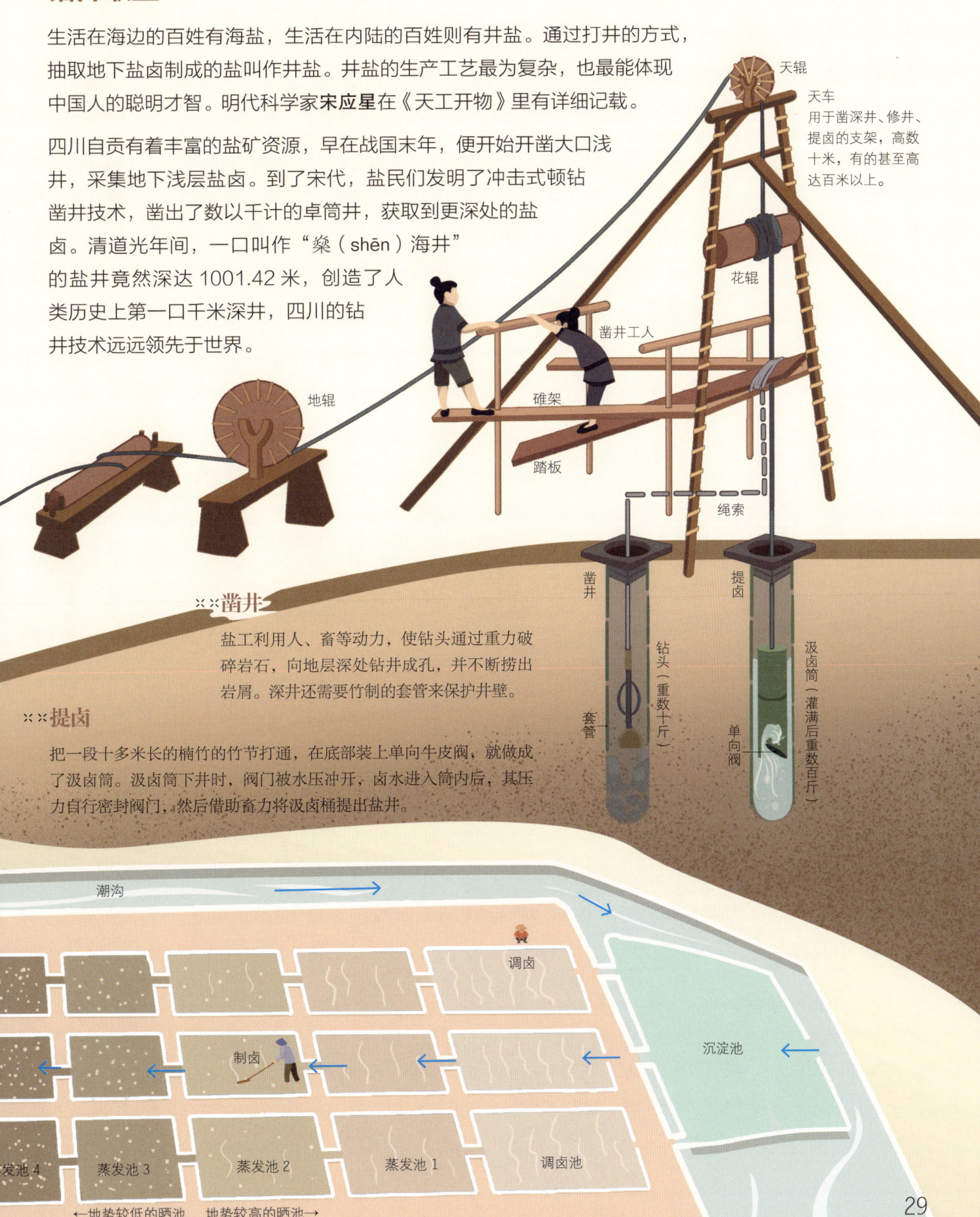

天车 用于凿深井、修井、提卤的支架,高数十米,有的甚至高达百米以上。

天辊 / 花辊 / 凿井工人 / 碓架 / 踏板 / 地辊 / 绳索 / 凿井 / 提卤 / 套管 / 钻头(重数十斤) / 单向阀 / 汲卤筒(灌满后重数百斤)

潮沟 / 调卤 / 沉淀池 / 制卤 / 蒸发池4 / 蒸发池3 / 蒸发池2 / 蒸发池1 / 调卤池

←地势较低的晒池　　地势较高的晒池→

冶炼技术

大自然中很少有纯金属，大多数都是以矿石的形式存在。从矿石中提取金属的过程就叫冶（yě）炼。古人在这个领域很早就取得了很大成就，制造了许多华美的金属器物。

※※炼铜流程

①选矿
有红铜草的地方就有铜矿。早期铜矿主要来自孔雀石等矿石。矿工选出杂质较少的矿石备用。

从红铜到青铜

从石器到陶器，人类一直在寻找更结实的器材。色彩绚丽的红铜虽然不多见，但还是被古人发现，古人认识到红铜受高温后变得柔软，可以打造成各种形状。后来，人们又学会了从孔雀石中提取铜。如果遇到的是铜锡共生矿石，那么熔点更低，炼出的叫青铜。青铜的大规模使用，开启了人类文明的新时代。商周时代，中国的青铜冶铸业发展到了巅峰。汉代，湿法炼铜（化学反应）逐渐取代了火法炼铜。

人工动力风箱

②初炼
将矿石敲碎，放在炉火中，加热至1100℃，烧出的铜液凝固后便是粗铜。

③精炼
将粗铜放入熔铜设备中熔化（提纯）。加入一定比例的锡和铅，可以得出质地不同的青铜。

从块铁到生铁

铁是另外一种高硬度的金属，但是冶炼难度更大——熔点超过1500℃。在春秋时期，中国已经掌握了铁矿冶炼技术，开始向铁器时代迈进。起初，因为炭火温度不够高，铁矿石只能被烧成多孔状的铁块，然后再用大锤子反复锤打，消除空隙，打成想要的形状，这便是块炼铁。经过一百多年的发展，工匠们又发明了生铁冶炼技术——使用高大的竖炉获取更高的炉温，铁矿石熔化成生铁，用于铸造。我国用生铁铸成铁器的历史，比欧洲早了约1900年。

由生铁变熟铁

生铁含碳比较多，比较脆，古人不断改进工艺，冶炼出熟铁和钢。

熟铁是由生铁脱碳精炼成的。西汉时发明了炒钢法。把生铁加热熔化，并不断搅拌，使生铁中的碳分和杂质不断氧化，从而得到熟铁或钢。熟铁可塑性强，但是不够坚硬。

百炼钢

钢也是由生铁锻（duàn）造而成。早期的钢虽然强度高，但是碳分布不均匀，比较脆。东汉时，人们发明了百炼钢技术，将生铁加热，反复折叠锻打上百次，这样制成的钢组织致密、成分均匀，杂质减少，主要用于制作刀剑。成语"千锤百炼""百炼成钢"便源于它。类似百炼钢的技术，在欧洲直至18世纪中期才出现。

灌钢法

南北朝时期，冶金家綦毋怀文发明了一种先进的炼钢工艺——灌钢法。将熔化的生铁与熟铁合炼，生铁中的碳分会向熟铁中扩散，并趋于均匀分布，且可去除部分杂质，成为优质钢材。灌钢法解决了之前铸造时铁和渣不易分离，碳不能迅速渗入的问题。灌钢法大大提高了钢铁产量。唐代后，钢铁农具开始大规模普及，农业生产水平大幅度提升。

※※鼓风设备的演变

春秋时期，工匠们用手推拉皮囊鼓风，增加冶炼时的火温。东汉初年，**杜诗**发明了水排，用水力代替推拉皮囊，大大促进了冶铁业的发展，这比欧洲早了一千多年。唐代时，木扇代替了皮囊。宋代时，新发明的双作用活塞式风箱，效率很高，操作简便，还能使用水力。

铸造技术

铸造是把金属加热成液体，浇铸成器物的过程。从商代后母戊鼎到战国时的曾侯乙编钟组，我国的铸造技术在世界上长期处于领先地位。

铸造青铜器 ※ 块范法 + 失蜡法

古代青铜器的主要铸造方法是块范法和失蜡法，此外还有分铸法、焊接法等工艺。

世界最大最重的青铜器后母戊鼎是商代青铜文化巅峰时期的代表作，它就是通过块范法制作出来的。块范法需要预先制作好铸件模型，依照模型翻制出泥范，将金属液倒入组合好的泥范中，经过凝固、清理等一系列操作后得到器物。

失蜡法的原理是用可塑性很强的蜂蜡做出铸件模型，再用耐火材料石英砂敷成外范。加热烘烤后，蜡模全部熔化流失，整个铸件模型变成空壳；再往内部浇灌熔液，便铸成器物。曾侯乙墓出土的花纹极其繁复的尊盘，就是以失蜡法打造的。

※ 铸剑大师

春秋时期的**欧冶子**是铸剑鼻祖，他铸造的湛卢青铜剑是中国古代十大名剑之一。相传他和干将一起铸造了第一把铁剑——龙渊。

（加点云雷纹好看多了。）

※ 块范法流程

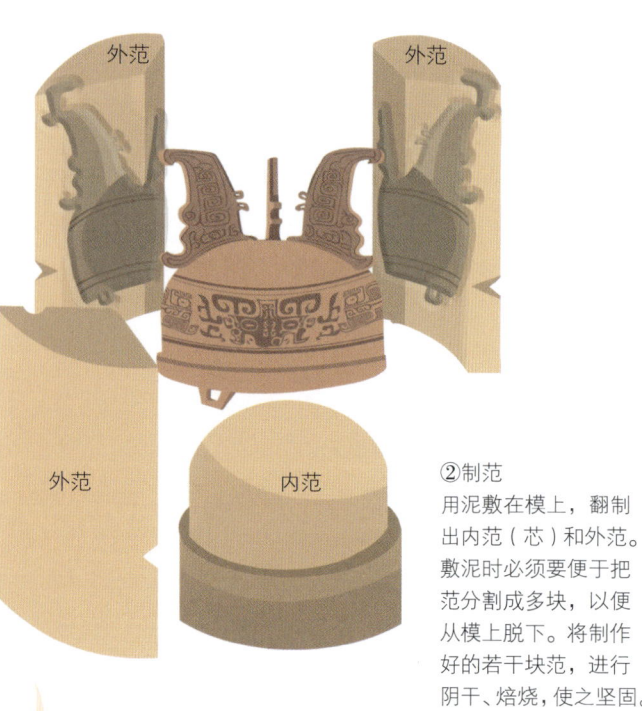

①制模
制作一个和铸件完全一样的模型，连花纹都要刻好。大件通常用黏土来做，做好后把模型烘干。

②制范
用泥敷在模上，翻制出内范（芯）和外范。敷泥时必须要便于把范分割成多块，以便从模上脱下。将制作好的若干块范，进行阴干、焙烧，使之坚固。

③浇铸
将内范和外范组装起来，里面形成空腔，外面要严密。将配制好的铜水从预留的浇铸口灌入，灌满。

铸造古钱币 ※ 叠铸法

钱币体型很小，需要不同于大器物的铸造方法。战国时期，古人发明了高效的叠铸法，在西汉时被广泛用于铸币。首先用块范法制作一组单体陶范盒，然后层叠合成套，再糊上草泥烧制成陶范包。浇注铜水冷却后，敲碎陶范包，一次就能铸成多件器物。直到唐代，母钱翻砂铸造工艺才取代叠铸法成为主流。

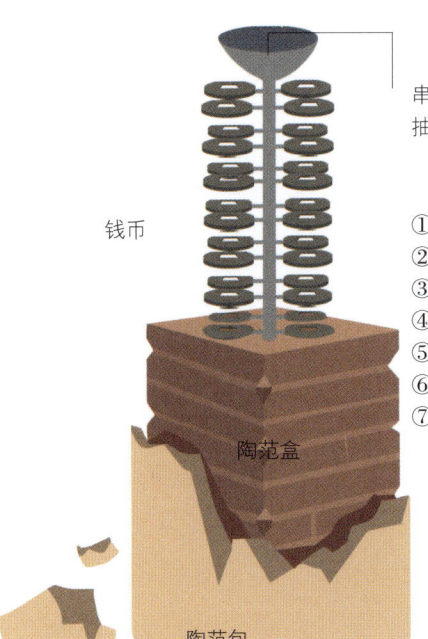

串起陶范盒的固定杆，抽掉后便自动形成浇口。

钱币

①制作金属范母
②制作单体陶范盒
③组合陶范盒成套
④糊泥后烧成陶范包
⑤浇铸铜水
⑥敲碎陶范包取出铸件
⑦打磨修整

陶范盒

陶范包

金属范母

单体陶范盒（下半片）

※ 青铜器的种类

食器：鼎、簋、敦、簠
酒器：爵、觚、尊、罍
水器：盘、鉴、匜、盂
乐器：钟、铎、铃、铙
兵器：剑、斧、钺、戈

铸造铁狮子 ※ 泥范明铸法

1000多年前，后周人在沧州铸造了一尊重达31500千克的大铁狮子。如此庞大的铁制品是如何铸造的呢？据研究，工匠们采用了泥范明铸法。先用泥堆塑出狮子模型，然后制作外范和内范，最后将金属液浇入内外范之间。由于模型太大了，内外范有大小近600块。然后将范块自下而上逐层垒起，分层浇注铁水。无论是制模、冶炼、浇铸工艺，都充分显示了中国古代铸造工艺的高超技术。

④除范修整
待铜水凝固后，敲碎内范和外范，取出铸件，打磨修整即可。

5.47米（约2层楼高）

制瓷技术

商代人在制陶技术的基础上，用瓷土代替陶土，再涂上釉（yòu），加高温，烧制出既防水又结实的原始瓷。后来历代不断发展制瓷技术，创造了繁荣的瓷器文化。中国发明的瓷器，为人类文明作出了巨大贡献。

汉代 ※ 青瓷 ※ 控制釉中的铁含量

原始瓷的釉色略带青，属于青瓷。到了东汉，随着风箱升级带来的高火温，青瓷迎来了大发展，胎质坚硬，几乎不吸水，瓷器逐渐取代陶器成为日常生活用品。人们在制瓷过程中，不断调整釉水的成分，控制釉中的含铁量，还烧制出黑瓷和白瓷。

※※ 釉是什么

富有光泽的釉是制造瓷器的关键之一。古人很早就发现，经过极高温度加热的草木灰，落到陶瓷表面，能形成类似玻璃的保护层。后来人们又发现石灰石也可以制釉。工匠们调制出各种釉水，大大推动了制瓷技术的发展。

黑瓷　青瓷　白瓷

铁含量　1%　2%　3%　4%

※※ 斗彩瓷制作流程

① 制胎
将除杂揉匀的瓷土调和成瓷泥，做成想要的器形，然后晾至半干。

唐代 ※ 南青北白 ※ 寻求装饰的突破

到了唐代，白瓷开始繁荣，形成了"南青北白"的布局。南方的青瓷主要是以浙江的越窑为代表，有"千峰翠色"；北方的白瓷主要是以河北的邢窑为代表，"似雪类银"。唐代的瓷器仍然属于单色釉，不过人们已经尝试在青瓷釉上点缀黑瓷釉水，产生褐斑来做装饰。

宋代 ※ 五大名窑 ※ 寻求釉色的突破

青瓷和白瓷的竞争，到宋代迎来了百花齐放的局面，诞生了五大名窑：汝窑、官窑、哥窑和钧窑属于青瓷，定窑属于白瓷。其中钧窑在釉水中添加少许铜，烧出了渐变的紫红色，人称"入窑一色，出窑万彩"。哥窑（龙泉青瓷）则通过对温差的控制实现釉面自然开裂，形成了独特的裂纹美。此外，汝窑的气泡、官窑的紫口、定窑的"泪痕"，都是独特的装饰。

哥窑

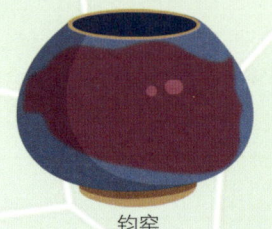

钧窑

元代 ⁂ 釉下彩 ⁂ 上釉前画花纹

元代以前，瓷器的色彩来自于釉。到了元代，景德镇窑采用青料在瓷胎上描绘纹饰，这样烧成的白瓷，蓝白分明，叫青花瓷。由于元青花制作精美但传世极少，故而异常珍贵。明代青花瓷继续大力发展，还研制出红色配方，烧出了釉里红。有的工匠还把青和红搭配绘制，烧出了青花釉里红。

明清 ⁂ 颜色釉 ⁂ 调制各种颜色的釉

明代时，景德镇窑一枝独秀，还研发出了各种颜色的釉。高温釉可烧成铜红、钴蓝、乌金等色，低温釉可烧成铜绿、铁黄、矾红等色。颜色釉的烧造发展到清雍正朝时达到了顶峰，特别是极简的单色釉，比如霁红、霁青、甜白，被称为"三大上品"。

明清 ⁂ 釉上彩 ⁂ 上釉后画图案

用特别的颜料在白瓷上画出图案，再放在窑里烤花，使得颜色不会掉，这样烧的瓷器叫釉上彩。早期的釉上可用色彩只有三五种。到了清代，康熙皇帝借鉴用于铜胎的珐琅技法和颜料，烧制出珐琅彩瓷。后来，工匠们又研发出一种中西合璧的新釉彩——粉彩，烧制出许多色彩艳丽的瓷器。

②画胎
用颜料在胎上绘制釉下图案。

③上釉
用吹釉法上釉，釉层更均匀。

④烧窑
用约1300℃高温，入窑烧约10小时。

⑤再次上彩、烤花
烧好釉下后，取出继续上彩，再入窑用800℃低温烤花。

明清 ⁂ 斗彩 ⁂ 釉下釉上色彩争斗

明代时，工匠还把釉上彩和釉下彩结合起来，形成斗彩。成化年间的斗彩鸡缸杯，曾拍卖过2.8亿元的高价，可见其惊艳。

纺织技术

自从人类穿上了衣物，纺织业便与生活息息相关。纺织包括纺纱和织布。从简单的纺锤，到复杂的纺车，再到织锦、提花，一纱一线间，编织出了璀璨匠心。

手摇纺车

纺锤 ✕ 纺纱

最早的衣服材料是兽皮和草。随着葛和麻等纤维植物成为服装原料，原始纺织技术得以发展，在五千年前就出现了用于纺纱的纺锤。在圆饼状纺轮中间，挖一个小孔，再插上一根小木棍，就做好了纺锤。用手搓动杆子，从麻中分离出的纤维，就不断地缠绕到纺锤上。

手搓纺锤纺出来的纱时粗时细，很不均匀。大约在战国时期，出现了手摇纺车。汉代工匠发明了脚踏纺车，解放双手，大大地提高了生产效率。宋代还发明了水力大纺车，能同时带动 32 个纺锤工作，使得织造速度大大提高。

飞梭 ✕ 织布

把纺出来的纱线，纵横交错编织成布的过程叫织布。织布起源于编制网兜和缝制衣物。穿越纵向纺线的飞梭（杼 zhù）是织布的基本工具。五千年前，古人已经发明了腰机，这是织布机的前身。战国时期出现的踏板织机，可以借助脚踩调整"综"的升降。曾母投杼就是那个时代的故事。西汉时，带踏板的斜织机成为主流，大大提高了织布效率。

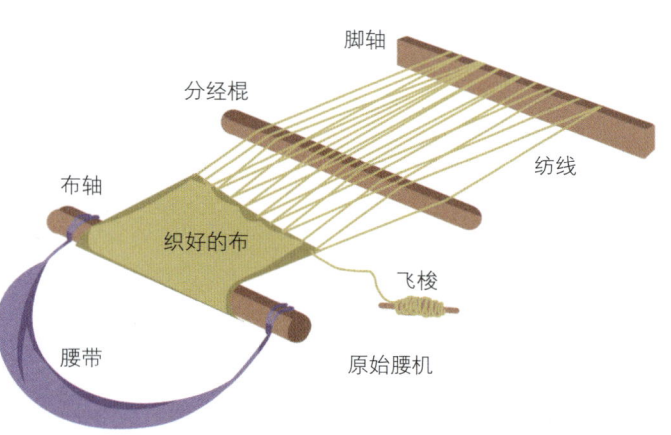
原始腰机

提花 × 织花

提花是纺织史上的里程碑,为了使织机能反复有规律地织造复杂花纹,人们先后发明了以综片和花本来贮存纹样信息,发明了多种提花机。最早的腰机上加上"综"已经开始具有挑花的功能。西汉出现的花楼机,已经多达120综。南宋楼璹(shú)的《耕织图》上绘有一部大型提花机,可以织造非常复杂的花纹。

× 黄道婆

黄道婆是元初棉纺织家,早年流落海南从事纺织,晚年把黎族纺织技术传播到江南,改良了许多棉纺织工具。

花本

挽花工
用手提拉花束综

飞梭

卷布轴

织花工
配色和引梭打纬

花综相关组件
由挽花工用手控制,通过提升部分经线传达花本信息

地综相关组件
由织花工用脚控制,通过压低部分经线实现提花

缫丝 × 制丝

早在五千多年前,蚕丝已经开始被用作衣服材料。把蚕茧制作成生丝的过程叫缫(sāo)丝。把蚕茧放在甗(yǎn)中煮熟,理出绪丝缠在缫车上,旋转轮轴,就能把抽出的蚕丝绕成丝卷。早期的缫车是手摇的,宋代出现了脚踏缫车。

手摇缫车

煮茧

甗

造纸技术

用轻便而便宜的纸,代替笨重的竹简来传达和记载信息,是一个巨大的进步。中国人的造纸技术,传至全球,影响着世界文明的发展进程,是中华民族对世界文明的巨大贡献。

麻纸 浇纸法

在竹简时代,据说秦始皇每天阅读的奏章就有整整一车。有时候古人也把重要的内容写在绢帛上,可是成本昂贵。西汉初年,开始出现古纸。古纸以麻的纤维为原料,采用浇纸法生产:把麻浸泡水中沤到脱胶后,加工成麻缕,再捣烂(打浆)使麻纤维分散开,然后浇到纸模上成型,最后晾干。

※※抄纸法流程
①选料、碎料
②浸灰水
③蒸煮
⑤捞纸

蔡侯纸 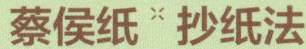 抄纸法

东汉时期，宦官**蔡伦**从事文书工作，深感竹简的不便和纸张的昂贵。善于琢磨的蔡伦认真总结了前人的经验，改进了造纸术。他发现树皮是很好的造纸材料。经过反复试验，最终用树皮、麻皮、破布、旧渔网等物品，经过浸、蒸、捣、捞、晒等工艺造出纸。这种纸材料廉价，成品轻柔，便于书写，很快就传遍各地。

宣纸 千年寿纸

隋唐时期，造纸的原料来源更加广泛，竹、檀皮、麦秆、稻秆等都能作为造纸原料。人们还运用加矾、加胶、涂粉、洒金、染色等加工技术，生产出各种各样的工艺用纸。

产于安徽宣城的宣纸，在唐代时成为贡品，是传统手工纸品中最为杰出的代表。宣纸以当地青檀树树皮和沙田稻草为主要原料，经百余道工序加工制成。宣纸柔韧、洁白、润墨、防蛀，是书画作品的最佳载体，至今仍在广泛使用。

④捣烂

⑦包装

⑥晒纸

印刷技术

在手抄时代，一本书的流传范围很有限。在印刷时代，快速大量复制书籍，带来了知识的快速传播。印刷术是中国人的伟大发明，传向全世界，对于世界文明发展有着重要的意义。

雕版印刷术

唐代时，佛经的需求迅速增加，人们从印章中得到了一些启发，发明了印刷技术。准备好一块厚木板，反扣上抄写好的文稿，再像刻印章一样在木板上刻字，这样就形成了文字反向凸起的模板。印刷时，只需在模板上均匀刷墨，再把纸敷在模板上面，这样就印出了一页文稿。如此一张张操作，便是最初的雕版印刷术。

活字印刷术

雕版印刷术所制作的模板，只能用于一本书，而且不够耐用、容错率低。到了宋代，**毕昇**发明了更加方便的活字印刷术。所谓活字版，就是每个字都是可以移动位置的，那么只需预制大量活字模，烧制定型，需要什么字的时候就拿什么字模来排版，字模可以反复使用。毕昇选择用胶泥来做活字版。这种活字印刷术比欧洲人发明的铅活字早了四百多年。此后，元代又出现了木活字、锡活字，明清时期，铜活字印刷比较普遍。

※※**活字印刷流程**

①刻字
用胶泥做成一个个规格一致的毛坯，在一端刻上反体单字。

②烧字
用火烧硬胶泥活字。

元代王祯发明了转轮排字盘，大大提高了拣字效率。

③排版
一人读稿，一人在轮转排字盘里找字，然后放在铁格子里排版。
事先在铁格子底部垫一层松脂，排好版后，用火烤化松脂，再用平板按压活字，使得整版活字的表面完全平整。

⑤拓印　　④上墨

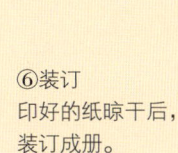

⑥装订
印好的纸晾干后，装订成册。

套版印刷术

普通雕版印刷一次只能印出一种颜色，多为黑色。那么古人想要出版彩色书怎么弄呢？元代时，出现了朱墨两色套印的书籍。具体做法是：为每页纸制作两个版，分别刷上朱色和墨色，印刷时，每张纸陆续敷在两个版上。如果颜色更多，可以用更多的版。

造船技术

中国人特别善于借助于水力，有着悠久的造船历史，早在春秋时期就已航行在近海，至明代，先进的帆船更是远航到非洲。

筏※篙

远古时代，古人从枯木可以浮在水中得到启发，开始抱着一截枯木或充气的牲畜皮囊涉水渡河。后来演变到用绳子将若干竹竿、皮囊并排捆扎做成浮水工具，最原始的船——筏诞生了。人们还利用长竹竿撑水底推动筏前进，这便是篙。

独木舟※手划桨

筏的浮力有限。古人将粗大的树干挖出一个长凹槽做成舟，再把一块木头一端削成扁平状，做成桨。坐在舟中，手握桨向后划水，利用水的反冲力，推动舟前进。八千多年前的河姆渡人就已经用上了独木舟。

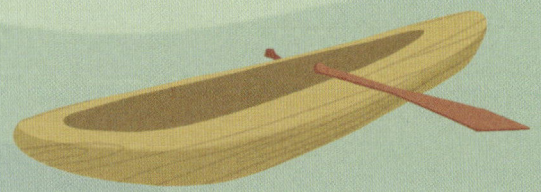

船帆：船上九桅可挂十二张帆。硬帆设计可以兜得住八面来风。

船锚

船型：船底尖，两头上翘，这样的船型稳定性更好。

郑和宝船示意图

木板船※手摇桨

独木舟的承载能力有限。商代人制造出了体型较大的木板船。这种船的桨比较长，手很难握持，工匠们在船舷上设置桨座，把长桨架在上面，这样摇划起来既省力又方便。

橹船 ※ 手摇橹

鱼儿在水中游动,靠摇动尾巴前进。西汉工匠从中得到启发,将船桨由船舷移到船尾,称为橹。手摇橹绳,伸入水中的橹板跟着左右摆动,形成推力,推动船前进。橹从桨的间歇划水变成连续划水,提高了效率,而且划行轻便,很快得到普及。

 船舵

桨和橹除了作为行船动力设备,也能控制船行方向。东汉时,出现了专门用于控制船行方向的拖舵,它位于船尾,是一种更加宽大的固定桨。唐代出现了转轴舵——用圆盘控制舵叶绕轴旋转。这是中国古代造船技术最重要的发明之一。

桨轮船 ※ 桨轮

唐代工匠**李皋**把桨改为桨轮,让船工踩动桨轮不停旋转,实现推水前进,这是船行动力的一次重大改革,轮船之名就源于此,这种原理比西方要早七八百年。到南宋时,已经出现 32 轮的大船,能载一千多人。

船舵:双舵设计,进退自如,舵叶带孔,操纵更省力。

帆船 ※ 风帆

在水上行船,经常要跟风打交道,能否利用风力来推动船前进呢?商代人发明了帆,最开始的帆是固定在船桅上的方形帆,只能利用顺风,后来改进为可以升降、改变朝向的活动帆。中国古代帆船在国际上享有盛名。

船舱:水密舱壁分隔出二十多个船舱,即使有一舱漏水,也不殃及其他舱。既能抗沉,又能分类载货。

郑和船队远航

明朝永乐年间,郑和率领船队,先后七次大规模远航印度洋,到达三十多个国家,最远到达非洲东海岸。郑和船队规模庞大,海船有上百艘,人员多达两三万,凭借着先进的海船、指南针和星图的导航、侧风的合理转化,以及对季风和洋流的认知,创造了惊人的航海成就。

中国古代工程年表

工程是制造复杂产品的过程，往往涉及设计、选材、运输、施工、测试等许多流程，应用到许多技术。我国古代的行业专家和能工巧匠凭借卓越的才华和超凡的技术能力，创造出一项项伟大的工程奇迹，大至万里长城、小至秦陵铜车马，至今仍令人惊艳。

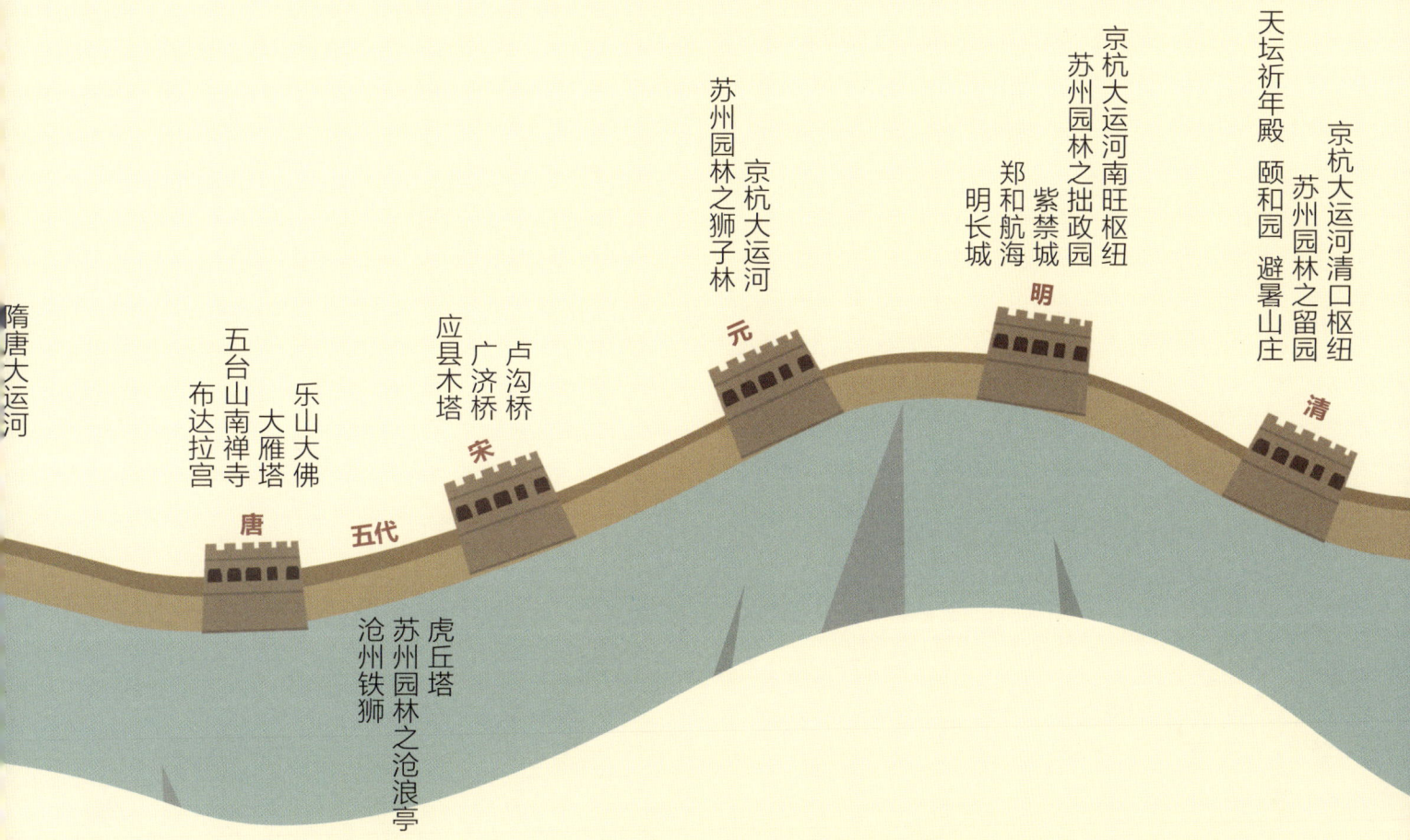

※※赵州桥

赵州桥也叫安济桥,位于河北省赵县,是隋朝人**李春**建造的。主桥洞桥横跨在三十七米多宽的河面上,有九米多宽,全部用石头砌成,下面没有桥墩,是一座科技含量非常高的大型石拱桥。

都江堰

都江堰是闻名世界的水利工程，它位于四川省成都平原西部的岷江上，由2200多年前秦国蜀郡太守**李冰**主持修建，有鱼嘴、飞沙堰、宝瓶口三大关键工程。自此至今，下游的成都平原不再受旱涝之苦，享受灌溉的便利，成为天府之国。

鱼嘴※分水堤

分水堤（因堤首形似鱼头而得名）将岷江水一分为二。

四六分水：外江宽而浅，内江窄而深，根据弯道水流规律实现。

丰水期
六成的江水从较宽的外江排走，保证了成都平原水量的稳定。

枯水期
六成的江水流进河床较低的内江，确保了成都平原的水量供应。

二八分沙：内江处于凹岸，外江处于凸岸，根据弯道水流规律：表层水少沙石，流向凹岸，内江水因此更加清澈；底层水多沙石，流向凸岸，沙石被排到外江。

飞沙堰※溢洪道

用于二次分洪和排沙的水道。

二次分洪：飞沙堰比内江河床高出约2米，当内江的水量超过宝瓶口流量上限时，多余的水便经由平水槽漫过飞沙堰流入外江，达到分洪的目的。

二次排沙：内江的水流到狭窄的宝瓶口时，在飞沙堰附近形成漩涡。大部分沙石被漩流甩出飞沙堰，其余的沙石沉淀到飞沙堰对面的回水区凤栖窝（每年需要淘沙）。

万里长城

长城是我国古代的大型军事防御工程,始建于周代,此后历代均有增修调整,现存主要为明代所建,城墙长度超过 8800 千米。长城除了军事意义,对中国的社会、经济、文化等诸多方面带来巨大影响,是中华文明的代表性符号之一。

空心敌台结构

敌台是城墙上用于防御敌人的楼台。除少量实心敌台外,大部分是防御功能完备的空心敌台。

利用长城防御

城墙和敌台、墙台、烽火台,一起构成了完备的长城防御体系。面对进犯之敌,长城发挥了重要的抵御作用。

进攻方

① 垛口
用于放箭、放炮。
② 望孔
用于观望敌情。
③ 箭窗
敌台的窗户,战时可用于射箭和发射火器。
④ 楼橹
敌台上层的铺房或望亭,供守楼士兵休息。
⑤ 券室
供士兵驻守、存放物资和兵器的敌台内部空间。

登台梯道

4 铺地砖
券门
3 填墙心(碎石和泥土)
2 砌墙体(用糯米水调和的砂浆黏合长城砖)
1 打地基(坚固的花岗岩)

⑥ 宇墙
建在城墙顶内侧,稍矮,用作护栏。
⑦ 垛墙
建于城墙顶外侧,用于掩护士兵。
⑧ 马道
一般宽约五米,可供五马并行,陡峭处可设阶梯。

修建长城

据说秦始皇累计动用了百万民夫修长城,还衍生出孟姜女哭长城的故事。明朝初年的徐达主持修建山海关,末年戚继光主持修建八达岭长城,都是高质量的建筑。

秦陵铜车马

1980年，陕西秦始皇陵出土了两套彩绘青铜车马模型。作为2000多年前的制品，秦陵铜车马结构设计精巧复杂，制作技艺十分精湛，融科学功能与艺术创作为一炉，是目前发现的结构最为复杂、形体最为庞大的古代青铜器，被誉为"青铜之冠"。

精巧的一号铜车马

一号铜车马模仿的是秦始皇御用车队中的立车，起开道、警卫和征伐的作用。单辕、双轮、四马系驾。模型按2∶1仿实物，长2.25米，高1.52米，重1061千克。

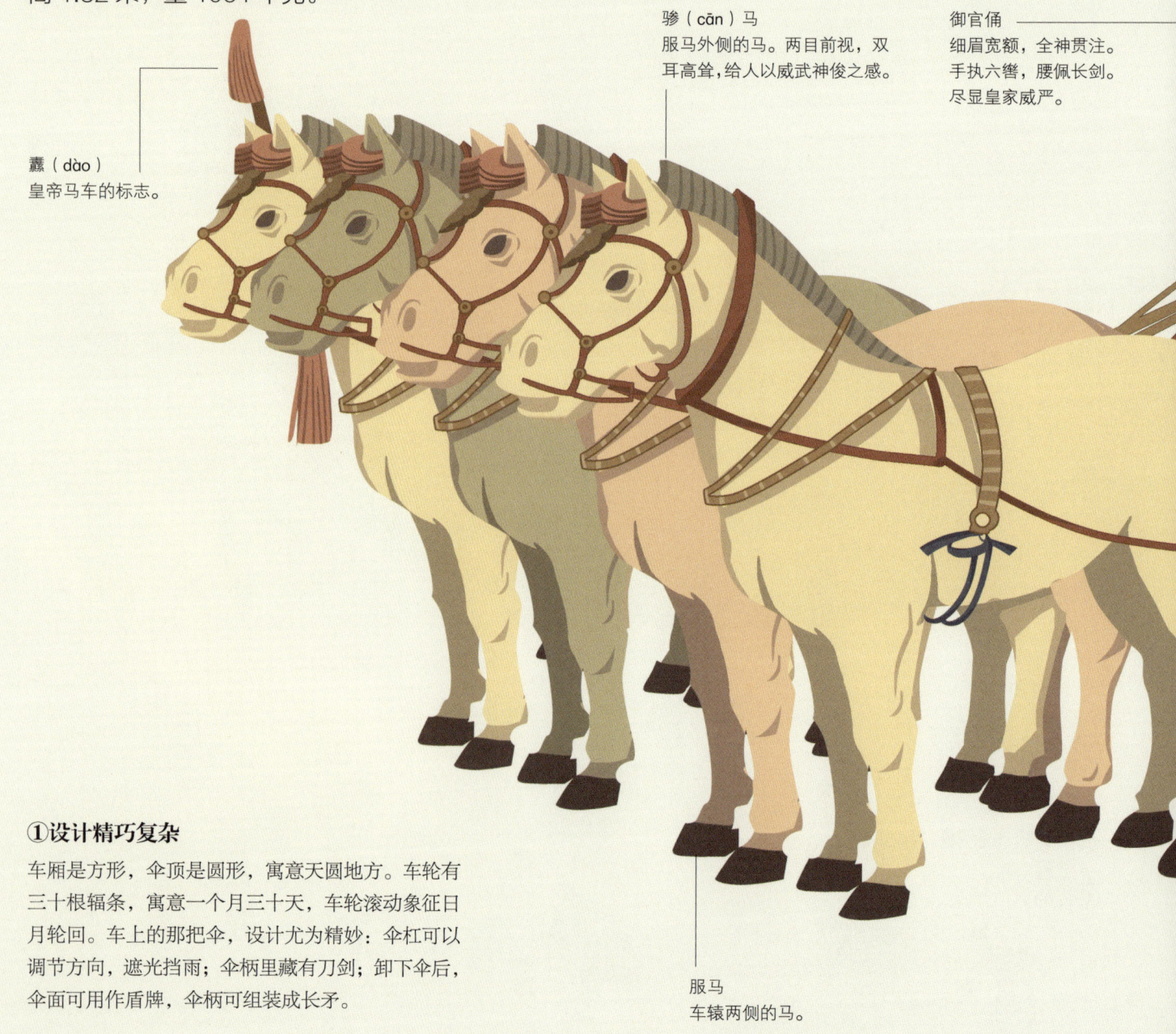

纛（dào）
皇帝马车的标志。

骖（cān）马
服马外侧的马。两目前视，双耳高耸，给人以威武神俊之感。

御官俑
细眉宽额，全神贯注。手执六辔，腰佩长剑。尽显皇家威严。

服马
车辕两侧的马。

① 设计精巧复杂

车厢是方形，伞顶是圆形，寓意天圆地方。车轮有三十根辐条，寓意一个月三十天，车轮滚动象征日月轮回。车上的那把伞，设计尤为精妙：伞杠可以调节方向，遮光挡雨；伞柄里藏有刀剑；卸下伞后，伞面可用作盾牌，伞柄可组装成长矛。

②铸造技术精湛

除了少部分金银装饰，其余全部用青铜铸造，运用了近十种高难度的加工工艺。穹隆形的大伞薄而均匀，体现了秦代高超的青铜制造技术。

伞盖
直径122厘米，
厚度0.1~0.4厘米。

③装配工艺先进

采用多种高难度的装配工艺，将3500多个零部件组成一个整体。各种链条至今仍转动灵活，车轮可以转动，弩机可以扣动，反映了当时金属加工技术的高超。

车体纹样
纹样采用堆绘法绘制，线条更有立体感。

车轮
有三十根辐条。

④装饰尊贵华丽

大面积的彩绘和细密流畅的线条，搭配和谐，尽显华贵。铜马通体涂抹白彩；御手面部饰粉彩，头发染成蓝色，衣服为天蓝色；车身上雕刻有繁密的纹样。彩绘也掩饰了铸造瑕疵，还能延缓青铜氧化。

古代马车系法的演变

①先秦 轭靷（è yǐn）式系驾法

马用颈部、胸部共同承重、共同受力拉车。
比同期西方马车系驾法要优越。

②西汉 胸带式系驾法

马以颈部承重、用胸部受力拉车。
是当时世界上最先进的系驾法，比西方早一千年。

③元初 鞍套式系驾法

马以腰背承重、用肩胛受力拉车。

大运河

运河是由人工开凿的河。中国的运河产生于春秋时代。贯通南北的重要水道大运河，集中体现了古代水利的高超技术，和万里长城一起被视为中华文明的象征。

大运河的基本功能是把从南方征调的官粮运到北方[漕（cáo）运]，同时也带来了南北方文化的大交融，带来了沿岸城市的繁荣。

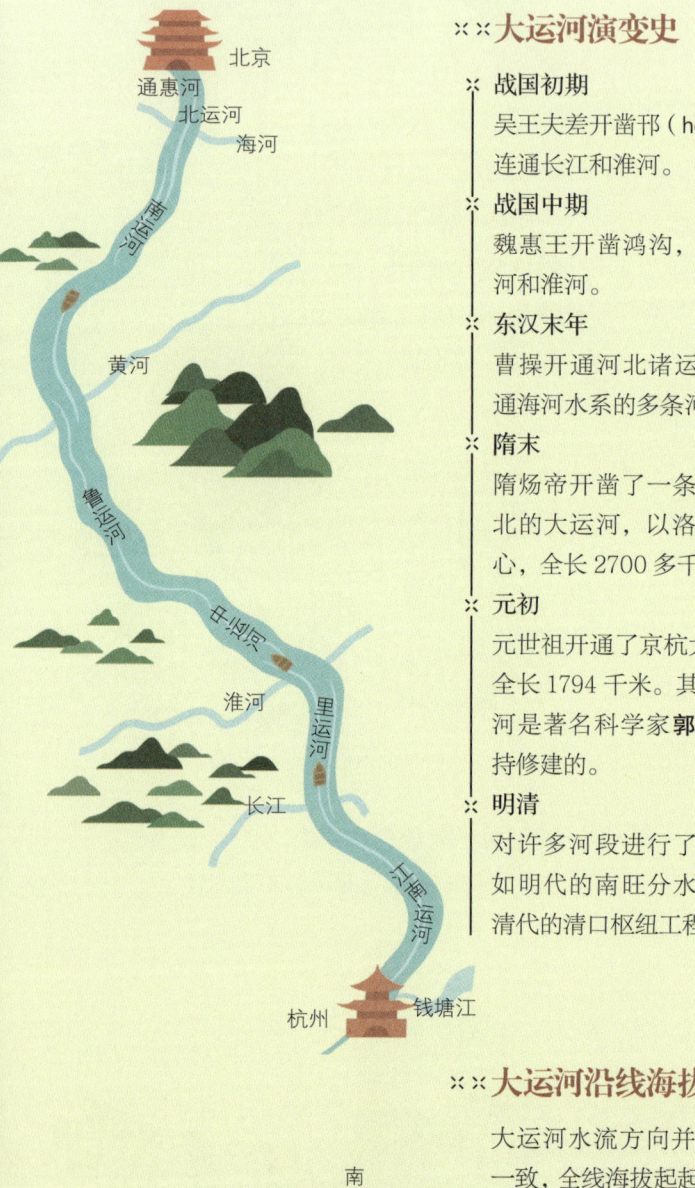

大运河演变史

战国初期
吴王夫差开凿邗（hán）沟，连通长江和淮河。

战国中期
魏惠王开凿鸿沟，连通黄河和淮河。

东汉末年
曹操开通河北诸运渠，沟通海河水系的多条河流。

隋末
隋炀帝开凿了一条贯通南北的大运河，以洛阳为中心，全长2700多千米。

元初
元世祖开通了京杭大运河，全长1794千米。其中通惠河是著名科学家**郭守敬**主持修建的。

明清
对许多河段进行了改造，如明代的南旺分水工程，清代的清口枢纽工程。

大运河沿线海拔图

大运河水流方向并非全线一致，全线海拔起起落落，其中南旺镇海拔最高。

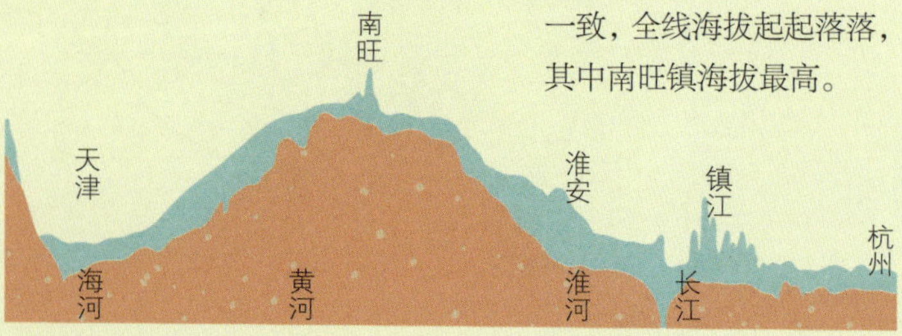

厢房

紫禁城

中国人的建筑史，是用木头写成的。以木材为主要材料，以"八大作"为主要施工内容，工匠们建造了复杂的宫殿、简洁的民居、秀丽的园林。紫禁城即北京故宫，是明清的皇宫，庞大的古建筑群展现了中国古代建筑工程的辉煌。

※※古建筑八大作

即八类技艺，包括瓦作、土作、石作、木作、彩画作、油漆作、搭材作、裱糊作。春秋时期的**鲁班**被奉为木匠的祖师爷，他发明了许多工具。清代的**雷发达**家族以精湛的建筑技艺，被后人尊称为"样式雷"，他们对紫禁城的修建是运用八大作的典型案例。

※※斗拱组成部件

斗　昂　翘　升　拱　坐斗

布局 ※ 围合成院

合院是中国古建筑最基本的布局形式，用房屋和墙围合一块天地，既能增加安全感，又可以营造局部小气候。四合院培育了中国人含蓄、内敛、周到、平稳、自立等性格和特征。紫禁城就是由许多小四合院组成的大四合院。庭院的布局多采用中轴对称，既是功能区分的要求，也体现了对称美学。如果一个庭院不够用，可以增加为多"进"。

斗拱 ※ 衔接头身

斗拱是中国木建筑结构特有的承重结构，它置于屋檐之下，柱子之上，可以将屋檐的重量转移到额枋和柱子上。有了斗拱，屋檐就可以做的很深。斗拱可以做很多朵（"朵"为斗拱量词），层层叠加，彼此咬合，形成一个整体。紫禁城内斗拱类型丰富，在午门、太和殿、角楼等许多建筑上，都可以欣赏到壮观的斗拱。

耳房
正房
檩(lín)
椽(chuān)
横向的枋
斗拱
纵向的梁
门
竖向的柱
屋顶重量都由梁和枋传到柱子上

结构 ※ 梁架支撑

中国古代建筑有"墙倒屋不塌"一说，这一切源于稳固的梁架结构。柱、梁、枋等大木构件，像人体的骨骼一样，支撑起建筑框架。柱子之间的墙壁，只是起到隔断作用，并不承担房屋的重量。所以"墙倒屋不塌"也就很好理解了。

园林 ※ 营造环境

中国人追求"天人合一"，让环境和建筑和谐地融为一体，营造如画的境界。因此诞生了园林建筑。园林叠山理水，虚实结合，通过借景、对景、障景、点景等各种造园手法，让假山池水、亭台楼阁、花草树木和谐地融进一组建筑里。紫禁城中散布着多处园林，包括御花园、乾隆花园等，"虽由人作，宛自天开"，富有诗情画意。

附录 中国古代重要科技发明创造一览表

	科学发现与创造	年代
1	干支	商代有干支纪日，汉代以后有干支纪年
2	阴阳合历	商代后期
3	圭表	不晚于春秋
4	十进位值制与算筹记数法	不晚于春秋
5	小孔成像	公元前4世纪
6	杂种优势利用	不晚于东周
7	盈不足术	不晚于战国
8	二十四节气	起源于战国，成熟于西汉初期
9	经脉学说	不晚于公元前3世纪末
10	四诊法	不晚于公元前3世纪末
11	马王堆地图	不晚于公元前2世纪
12	勾股容圆	不晚于西汉
13	线性方程组及解法	不晚于西汉
14	本草学	东汉初期
15	天象记录	汉代已较为系统
16	方剂学	汉代
17	制图六体	不晚于公元3世纪
18	律管管口校正	公元3世纪
19	敦煌星图	公元8世纪初
20	潮汐表	始见于公元8世纪后半叶
21	中国珠算	宋代
22	增乘开方法	不晚于11世纪初
23	垛积术	不晚于11世纪末
24	天元术	不晚于13世纪初
25	一次同余方程组解法	不晚于1247年
26	法医学体系	1247年
27	四元术	不晚于1303年
28	十二等程律	1584年
29	《本草纲目》分类体系	1578年
30	系统的岩溶地貌考察	1613—1639年

	技术发明	年代
31	水稻栽培	距今不少于10000年
32	猪的驯化	距今约8500年
33	含酒精饮料的酿造	距今约8000年
34	髹漆	距今约8000年
35	粟的栽培	距今不晚于7500-8000年
36	琢玉	距今7000~8000年
37	养蚕	距今5000多年
38	缫丝	距今5000多年
39	大豆栽培	距今约4000~5000年
40	块范法	3800多年前
41	竹子栽培	3000多年前
42	茶树栽培	周代
43	柑橘栽培	不晚于东周
44	以生铁为本的钢铁冶炼技术	春秋早期至汉代
45	分行栽培（垄作法）	不晚于春秋时期
46	青铜弩机	不晚于战国时期

续表

47	叠铸法	战国时期
48	多熟种植	战国时期
49	针灸	不晚于公元前 3 世纪末
50	造纸术	不晚于公元前 2 世纪
51	胸带式系驾法	西汉时期
52	温室栽培	不晚于公元前 1 世纪
53	提花机	不晚于公元前 1 世纪
54	指南车	西汉时期
55	水碓	不晚于西汉末期
56	新莽铜卡尺	公元 9 年
57	扇车	不晚于公元 1 世纪
58	地动仪	公元 132 年
59	翻车（龙骨车）	公元 2 世纪
60	水排	公元 1 世纪
61	瓷器	成熟于东汉时期
62	马镫	不晚于 4 世纪初
63	雕版印刷术	公元 7 世纪
64	转轴舵	不晚于公元 8 世纪
65	水密舱壁	不晚于唐代
66	火药	约公元 9 世纪
67	罗盘（指南针）	不晚于公元 10 世纪
68	顿钻（井盐深钻汲制技艺）	不晚于公元 11 世纪
69	活字印刷术	公元 11 世纪中叶
70	水运仪象台	建成于 1092 年
71	双作用活塞式风箱	不晚于宋代
72	大风车	不晚于 12 世纪
73	火箭	不晚于 12 世纪
74	火铳（管形火器）	不晚于公元 13 世纪
75	人痘接种术	不晚于公元 16 世纪
工程成就		**建造年代**
76	曾侯乙编钟	战国早期
77	都江堰	公元前 256—前 251 年
78	长城	始建于战国后期，秦代形成"万里长城"
79	灵渠	公元前 221 年—前 214 年之间
80	秦陵铜车马	秦代
81	安济桥	建成于公元 606 年
82	大运河	隋代大运河于公元 7 世纪初贯通；京杭大运河于 1293 年贯通
83	布达拉宫	始建于公元 7 世纪，重修于 17 世纪中叶
84	苏州园林	四大名园之沧浪亭始建于公元 910 年前后
85	沧州铁狮	公元 953 年
86	应县木塔	1056 年
87	紫禁城	建成于 1420 年
88	郑和航海	1405—1433 年

本表转载于中国科学技术出版社 2016 年出版的《中国古代重要科技发明创造》，编著者为中国科学院自然科学史研究所。

参考书目

[1] 中国科学院自然科学史研究所. 中国古代重要科技发明创造[M]. 北京：中国科学技术出版社，2016.

[2] 黄金贵. 中国古代文化会要[M]. 杭州：浙江大学出版社，2016.

[3] 江晓原. 中国科学技术通史 IV 技进于道[M]. 上海：上海交通大学出版社，2015.

[4] 齐世荣. 义务教育教科书 中国历史 七年级 上册[M]. 北京：人民教育出版社，2016.

[5] 齐世荣. 义务教育教科书 中国历史 七年级 下册[M]. 北京：人民教育出版社，2016.

[6] 金秋鹏. 中国古代科技[M]. 北京：中国国际广播出版社，2010.

[7] 中国农业博物馆. 五千年农耕的智慧：中国古代农业科技知识（专家解读版）[M]. 北京：中国农业出版社，2018.

[8] （明）宋应星，邹其昌. 天工开物 武进陶湘涉园刻本《喜永轩丛书》[M]. 北京人民出版社，2014.

[9] （元）王祯. 农书. 明嘉靖九年山东布政司刊本[M]

[10] 王俊. 中国古代养殖[M]. 北京：中国商业出版社，2014.

[11] 杜海滨，胡海权，赵妍. 中国古代造物设计史[M]. 沈阳：辽宁科学技术出版社，2014.

[12] 孙秀秀. 古代作物栽培[M]. 长春：吉林文史出版社，2010.

[13] 何堂坤. 中国古代手工业工程技术史[M]. 太原：山西教育出版社，2012.

[14] 叶小燕. 长城史话[M]. 北京：社会科学文献出版社，2011.

[15] 秦始皇兵马俑博物馆，陕西省考古研究所. 秦始皇陵铜车马发掘报告[M]. 北京：文物出版社，1998.

[16] 彭林. 文物精品与文化中国十五讲[M]. 北京：北京大学出版社，2007.

[17] 孙机. 中国古代物质文化[M]. 北京：中华书局，2014.

[18] 付崇兰. 运河史话[M]. 北京：社会科学文献出版社，2011.

[19] 席龙飞，杨熺，唐锡仁. 中国科学技术史：交通卷[M]. 北京：科学出版社，2004.

[20] 金秋鹏. 中国古代造船与航海[M]. 北京：中国国际广播出版社，2011.

[21] 钱斌，商红.《天工开物》的世界[M]. 合肥：安徽科学技术出版社. 2021.

本书编委会

项目策划： 知路童书

主　　笔： 钱　斌　中国科技大学马克思主义学院教授、博士生导师，科技史专家，百家讲坛主讲人
　　　　　　周国宝　中国科普作家协会会员，全国优秀科普作品奖获得者

内容统筹： 龚道军　刘　挺　周永倩

插图绘制： 施　雨　沙　奥　夏　丽　高　雅

封面设计： 伍毓泉

内文排版： 赵媛媛

艺术总监： 左小文

科技顾问： 周焕林　合肥工业大学土木与水利工程学院教授、博士生导师

文学顾问： 于晓冰（水寒）　北京市重点中学一线语文教师

艺术顾问： 马海方　国家一级美术师，中国美术家协会会员，荣宝斋画院教授

诗词朗诵： 大　象（王向群）　声音表演艺术家，连续十年《感动中国》发声者
　　　　　　李　翔　安徽广播电视台播音主持，朗诵艺术家

知路童书是专注于童书出版的图书品牌，致力于儿童阅读趣味化、体验感、多维度的研究，倾力打造更具儿童视角的高品质童书，尤其在国学、历史和地理领域成绩显著，深受儿童喜爱。近年出版有《壮哉吾国：给孩子讲中国历史》《给孩子讲中国地理》《美美的中国》等深受欢迎的书籍。

图书在版编目（CIP）数据

理清时间线 文史特简单 / 钱斌，周国宝著. -北京：中国轻工业出版社，2023.10

ISBN 978-7-5184-4414-4

Ⅰ.理… Ⅱ.①钱… ②周… Ⅲ.①中华文化-青少年读物 Ⅳ.K203-49

中国国家版本馆CIP数据核字（2023）第068473号

审图号：GS（2023）1825号

责任编辑：罗雅琼
文字编辑：王雪莲　　　　　责任终审：张乃柬　　封面设计：伍毓泉
策划编辑：罗雅琼　王雪莲　　责任校对：晋　洁　　责任印制：张京华

出版发行：中国轻工业出版社（北京东长安街6号，邮编：100740）
印　　刷：北京博海升彩色印刷有限公司
经　　销：各地新华书店
版　　次：2023年10月第1版第1次印刷
开　　本：787×1092　1/16　印张：14.25
字　　数：600千字
书　　号：ISBN 978-7-5184-4414-4　定价：168.00元（全4册）
邮购电话：010-65241695
发行电话：010-85119835　传真：85113293
网　　址：http://www.chlip.com.cn
Email：club@chlip.com.cn
如发现图书残缺请与我社邮购联系调换
221278E2X101ZBW